西南交通大学马克思主义研究文库

城镇居民公众参与
认知、态度和行为关系的
实证研究

李春梅◎著

中国社会科学出版社

图书在版编目（CIP）数据

城镇居民公众参与认知、态度和行为关系的实证研究／李春梅著.
—北京：中国社会科学出版社，2017.2
ISBN 978 - 7 - 5161 - 9837 - 7

Ⅰ.①城…　Ⅱ.①李…　Ⅲ.①城镇居民—参与管理—行政
管理—研究—中国　Ⅳ.①D63

中国版本图书馆 CIP 数据核字（2017）第 025294 号

出 版 人	赵剑英	
选题策划	刘　艳	
责任编辑	刘　艳	
责任校对	陈　晨	
责任印制	戴　宽	

出　　　版	中国社会科学出版社	
社　　　址	北京鼓楼西大街甲 158 号	
邮　　　编	100720	
网　　　址	http://www.csspw.cn	
发 行 部	010 - 84083685	
门 市 部	010 - 84029450	
经　　　销	新华书店及其他书店	

印刷装订	北京君升印刷有限公司
版　　次	2017 年 2 月第 1 版
印　　次	2017 年 2 月第 1 次印刷

开　　本	710×1000　1/16
印　　张	12.75
插　　页	2
字　　数	169 千字
定　　价	46.00 元

编委名单

主　　任　王顺洪

副　主　任　林伯海　刘占祥

编　　委　（按姓氏笔画排序）

王炳林　邓纯东　田永秀　田雪梅

冯　　刚　苏志宏　杨先农　何云庵

郑永廷　胡子祥　鲜于浩

总　序

从《共产党宣言》的发表、马克思主义诞生至今已达169年，在历史长河中，这虽然十分短暂，但历史和现实都已经证明且将继续证明马克思主义有着强大生命力。马克思主义深刻揭示了自然界、人类社会、人类思维发展的普遍规律，为人类社会发展进步指明了方向；马克思主义关注劳动阶级的解放、维护普罗大众利益的立场，以实现人的自由而全面的发展和全人类解放为己任，描绘出了一副人类对理想社会——共产主义的美好图景；马克思主义的世界观与方法论，是"伟大的认识工具"，是人们观察世界、分析问题的有力思想武器；马克思主义具有鲜明的实践品格，不仅致力于深刻地"解释世界"，而且致力于积极而彻底地"改变世界"。美国学者海尔布隆纳在他的著作《马克思主义：赞成与反对》一书中一针见血地指出，要探索人类社会发展前景，必须向马克思求教，因为人类社会至今仍然生活在马克思所阐明的发展规律之中。实践也证明，无论科学如何发展、社会如何进步、时代如何变迁，马克思主义依然显示出它的科学性、实践性和真理性，依然占据着道义的制高点。

习近平总书记在2016年哲学社会科学工作座谈会上指出："马克思主义中国化取得了重大成果，但还远未结束。我国哲学社会科学的一项重要任务就是继续推进马克思主义中国化、时代化、大众化，继续发展21世纪马克思主义、当代中国马克思主义。"他要求广大哲学社会科学工作者要把坚持马克思主义和发展马克思主义统一起来，结合新的实践不断做出新的理论创造，并认为"这是马克思主义永葆生机活力的奥妙所在。"他说："坚持问题导向是马克思主义的鲜明特点。问题是创新的起点，也是创新的动力源。只有聆听时代的声音，回应时代的呼唤，认真研究解决重大而紧迫的问题，才能真正把握住历史脉络、找到发展规律，推动理论创新。"他在 2016 年 12 月全国高校思想政治工作会上也说："你们登泰山，只登到半中央，没有登顶难道泰山就不存在吗？小平同志说过，社会主义初级阶段要经过几代、十几代和几十代人的努力才能完成。孔夫子时期到现在也就 70 多代。要看到社会发展的历史规律，急不得，要有历史耐心。共产主义虽然遥远，但不等于不存在。她是人类追求真善美的目标。难道因为遥远，就觉得渺茫，因为渺茫，就可以不信吗？我们要做好我们现阶段的事情。"他的这一系列有关要坚持和发展马克思主义，要看到社会发展的历史规律，要有历史耐心，要做好我们现阶段的事情，要不断繁荣和发展中国特色社会主义道路、理论、制度、文化等等一系列新思想新论述，无疑为广大哲学社会科学工作者指明了未来开展马克思主义理论研究与建设的目标、任务与方向。

西南交通大学有着悠久的马克思主义理论教学与研究的历史和传统。作为一所以工科见长的大学，1952 年在院系调整基础上建立马克思主义教研室，通过教育部分配从中共中央党校、北京大学、中国人民大学等校招收毕业生和学员组建起了第一批马克思主义理论课教师队伍。1978 年招收马列主义师资班，既培养了一批学生，为马克思主义理论学科专业人才队伍建设打下基础，又教学相长，促使一批老师成为名师，享誉西南乃至全国，如 1990 年朱铃教授荣获国家级优秀教学成果特等奖，开了全国高校思想政治理论课教师获最高奖项的先河，为全国高校的思想政治教育工作者竖起了标杆。1984 年学校在马列教研室基础上建立了社会科学系，进一步扩展了队伍、壮大了实力。1987 年起开始招收思想政治教育本科专业。1991 年率先获得马克思主义理论硕士学位授权点，系在川高校最早；1996 年又在社会科学系基础上成立了人文社会科学学院，增办了相关的学科与专业，推动了学校人文社会科学的发展，提升了工科人才的人文素养和马克思主义理论水平。2006 年初获得马克思主义基本原理和思想政治教育两个二级学科博士学位授权点，实现了学校百余年建校史上真正意义上的人文社会科学博士点的突破。2007 年获批建立国家教育部辅导员培训与研修基地。2008 年建立政治学院，主要负责马克思主义理论学科建设和思想政治理论课教育教学的任务；2015 年调整更名为马克思主义学院，全面达到了一个机构、一支队伍和一个学科的要求，形成了从本科、硕士到博士教育完备的人才培养体系。

西南交通大学一贯重视马克思主义理论教育与研究的专职队伍建设，汇聚了一批致力于马克思主义理论研究和思想政治理论课教育教学的高素质人才。在思想政治理论课程与团队建设方面，拥有国家级教学团队 1 个，国家级精品课 2 门，国家级资源共享课 2 门。在人才队伍方面，有国家马克思主义理论研究与建设工程专家 2 名，教育部思想政治理论课教学指导委员会委员 1人，教育部新世纪人才 1 人，全国高校优秀中青年思想政治理论课教师择优资助计划获得者 2 人；思想政治教育中青年杰出人才支持计划培育对象 1 人；全国高校思想政治教育研究会学术委员会委员 1 人；全国高校思想政治理论课教师年度影响力人物 1人、提名人物 1 人。在教育教学方面，获得教育部思想政治理论课 "精彩一章"、"优秀教学案例"、"优秀教案"、"优秀课件"、"疑难解答"、"教学方法" 等立项者 10 余人。正因为如此，在2011 年底召开的西南片区思想政治理论课教师座谈会上，时任教育部副部长李卫红特别举例指出："西南交大成果丰硕，这是与他们长期重视抓队伍建设、重视抓学科建设、重视抓课堂教学，突出教学中的'三贴近'分不开的，……是当之无愧的，是长期积淀下来的。"

近年来，全校哲学社会科学工作者，尤其是马克思主义学院的教师们认真学习贯彻习近平总书记系列重要讲话精神，深入探索马克思主义中国化和中国化马克思主义理论与实践，特别是以习近平总书记为核心的新一届党中央治国理政的新理念新思想新战略，取得了大量卓有成效的理论研究与教育教学成果。鲜于浩教授担任国家马克思主义理论研究与建设工程教材的编写专家；何云庵教授担任了马克思主义理论研究与建设工程重大项目子项目负责人，同时他还是四川省社科规划重大招标项目主持人；林伯海教授主持了教育部"高校示范马克思主义学院重点选题"项目。管中窥豹，可见一斑，这些都从一个侧面展现了我校马克思主义理论研究的实力与水平，也体现了交大马列人为繁荣和发展我国哲学社会科学所做的贡献与担当。

总之，这些年来西南交大在马克思主义理论研究与教育教学领域推出了一批相当有见地和影响的学术成果。我们挑选了其中有代表性的成果，形成了这一研究文库，集结出版。这批学术著作有的是国家社科基金的结项成果，有的是基于博士学位论文修缮后的成果，都与马克思主义研究与建设有着相当密切的联系。所有成果入选和出版前都经过了多位马克思主义理论学科专家的评审和把关。西南交通大学马克思主义研究文库的编纂的原则是，以问题为导向，坚持用马克思主义基本原理，特别是贯穿其中的立场、观点、方法来研究中国问题和中国实践，坚持道路自信、制度自信、理论自信和文化自信，说"中国话语"、讲"中国故事"、展"中国气派"。我们真诚地希望，这套"马克思主义研究文库"能帮助和引导读者加深对新时期、新阶段马克思主义理论的学习与认知，能够回应时代的呼唤、推动理论创新，能够为扎根中国办大学、繁荣中国哲学社会科学事业尽绵薄之力！

王顺洪

2017 年 3 月 21 日

目　录

第一章　导言 ……………………………………………… （1）

第一节　研究的背景 ……………………………………… （1）

第二节　问题的提出 ……………………………………… （3）

一　公众参与认知的研究现状 …………………………… （4）

二　公众参与态度的研究现状 …………………………… （7）

三　公众参与行为的研究现状 …………………………… （10）

四　心理资本的研究现状 ………………………………… （18）

第三节　研究目的和意义 ………………………………… （21）

一　研究的目的及内容 …………………………………… （21）

二　研究意义 ……………………………………………… （22）

第四节　研究方法与技术路线 …………………………… （23）

一　研究方法 ……………………………………………… （23）

二　技术路线 ……………………………………………… （23）

第二章　公众参与的文献综述 …………………………… （25）

第一节　公众参与的研究 ………………………………… （25）

一　公众参与的内涵 ……………………………………… （25）

二　公众参与的相关理论 ………………………………… （28）

第二节　公众参与认知研究 ……………………………… （31）

一　公众参与认知的界定 ………………………………… （31）

二　公众参与认知的内容和维度 …………………………（32）

第三节　公众参与态度研究 ……………………………………（33）

一　公众参与态度的界定 ………………………………（33）

二　公众参与态度的内容和维度 ………………………（35）

三　公众参与态度的相关研究 …………………………（38）

第四节　公众参与行为研究 ……………………………………（43）

一　公众参与行为的界定 ………………………………（43）

二　公众参与行为的内容和维度 ………………………（44）

第五节　心理资本研究 …………………………………………（47）

一　心理资本的界定 ……………………………………（47）

二　心理资本的内容和维度 ……………………………（49）

第三章　城镇居民公众参与理论模型构建及研究假设的

　　　　形成 ……………………………………………………（52）

第一节　整体研究框架 …………………………………………（52）

第二节　研究假设 ………………………………………………（52）

一　公众参与态度的结构维度的假设 …………………（52）

二　大众传媒与公众参与态度的关系假设 ……………（55）

三　个人基本属性与公众参与态度关系及研究

　　假设 …………………………………………………（57）

四　公众参与认知、态度与行为的关系及研究假设 …（64）

五　心理资本在公众参与过程中的关系及研究

　　假设 …………………………………………………（67）

第四章　城镇居民研究设计及数据处理 ………………………（70）

第一节　问卷的设计与过程 ……………………………………（70）

第二节　变量的操作性定义与测量题项 ………………………（72）

一　变量的操作性定义与测量题项 ……………………（73）

　　二　测量题项来源 ……………………………………（74）

第三节　预测试及信效度检验 …………………………（75）

　　一　预测试样本数据描述 ………………………………（76）

　　二　预测试信、效度检验 ………………………………（79）

第四节　正式调查与信度、效度检验 …………………（92）

　　一　正式调查过程与样本概况 …………………………（92）

　　二　正式调查的信度、效度检验 ………………………（95）

第五章　公众参与态度结构及其背景变量影响研究 ………（97）

第一节　公众参与态度结构的探索性因子分析 ………（97）

第二节　公众参与态度结构的验证性因子分析 ………（99）

第三节　大众传媒与公众参与态度的关系 ……………（102）

　　一　媒体种类与公众参与态度之间的关系 …………（102）

　　二　媒体接触时间与公众参与态度之间的关系 ……（104）

　　三　媒体接触频率与公众参与态度之间的关系 ……（105）

　　四　媒体接受程度与公众参与态度之间的关系 ……（106）

　　五　媒体关注程度与公众参与态度之间的关系 ……（107）

第四节　个人基本属性与公众参与态度的关系 ………（108）

　　一　性别与公众参与态度之间的关系 ………………（108）

　　二　年龄与公众参与态度之间的关系 ………………（109）

　　三　教育程度与公众参与态度之间的关系 …………（111）

　　四　职业与公众参与态度之间的关系 ………………（112）

　　五　婚姻状况与公众参与态度之间的关系 …………（113）

　　六　月收入与公众参与态度之间的关系 ……………（114）

　　七　居住时间与公众参与态度之间的关系 …………（115）

　　八　政治面貌与公众参与态度之间的关系 …………（117）

第五节　本章小结 ………………………………………（117）

第六章　公众参与认知、态度与行为的关系验证 ………… （120）

第一节　公众参与认知的特征维度与验证分析 ……… （120）

　　一　公众参与认知的探索性因子分析 ………… （120）

　　二　公众参与认知的验证性因子分析 ………… （122）

第二节　公众参与行为的特征维度与验证分析 ……… （123）

　　一　公众参与行为的探索性因子分析 ………… （123）

　　二　公众参与行为的验证性因子分析 ………… （124）

第三节　公众参与认知对态度的关系研究 ………… （125）

第四节　公众参与态度对行为的关系研究 ………… （129）

第五节　公众参与认知对行为的关系研究 ………… （132）

第六节　公众参与态度的中介作用检验 ………… （135）

第七节　本章小结 ……………………………… （137）

第七章　心理资本与公众参与认知、态度、行为的关系

　　　　检验 …………………………………… （139）

第一节　心理资本的特征维度与验证分析 …………… （139）

　　一　心理资本的探索性因子分析 ……………… （139）

　　二　心理资本的验证性因子分析 ……………… （140）

第二节　心理资本对公众参与过程各变量的关系

　　　　研究 ………………………………… （141）

　　一　心理资本对公众参与认知的关系研究 ………… （143）

　　二　心理资本对公众参与态度的关系的研究 ……… （146）

第三节　心理资本在公众参与认知与态度间的中介作用

　　　　检验 ………………………………… （149）

第四节　心理资本在公众参与认知与态度间的调节作用

　　　　检验 ………………………………… （150）

第五节　本章小结 ……………………………… （152）

结论与展望 ……………………………………………………… （154）

附录 ……………………………………………………………… （163）
　　附录 1　参与题项讨论的专家名单 ……………………… （163）
　　附录 2　预测试问卷 ……………………………………… （163）
　　附录 3　正式问卷 ………………………………………… （170）

参考文献 ………………………………………………………… （177）

后记 ……………………………………………………………… （185）

第一章　导言

目前，公众参与已经成为发扬社会主义民主，培养公民意识，衡量政府行政管理水平，提升政府决策科学性和有效性的关键要素，也是公共管理和政治学领域研究的核心课题。

第一节　研究的背景

现代社会，当我们广泛呼吁要提高公众参与，提升社会民主程度的时候，我们却对于公众参与过程中的认知、态度和行为到底在公众参与过程中扮演什么角色，是否一致等问题并不清楚。有人说，我了解弱势群体应该得到保护，而且我对此持积极态度予以支持，可是当一个乞丐路过你的身边时，你是否会掏出钱包来救济他？还有人说我知道政府的某项政策，比如我了解成都市的天府新区建设的政策和相关情况，可是这样的认知会使得我的公众参与态度更为积极还是更为消极呢？而公众参与态度积极与否，是不是在行为上就一定会对应地表现为是否参与这一项公共事务呢？到底公众参与过程中认知、态度和行为是知行统一还是知易行难，到底是在整个公众参与过程中，三者之间呈现一个什么样的关系，是一个非常有趣的问题，也是科学引导公众参与的关键之所在。而在公众参与的三个核心因素即认知、态度和行为中，对其可能产生影响的最重要的因素即是心理状态和通过媒体对信息的了解，因此探析在整个公共事务的参与过程中人的心理状态是自信还是自卑，是积极乐观还是消极悲观是否会影响到他的公众参与呢？如果这样的心理状态有影响，那么又是怎样的影响，将非常重要也非常有意义。

公众对公共事务和社会事务的参与范围非常广泛，小到对自己所居住的小区的事务，自己所生活的社区的事务，大到整个国家的事务，而这些社会事务和公共事务的参与都会严重影响到公众对整个社会归属感和认同感。另一方面，理想的民主社会要求公众参与和讨论后的公共事务才能执行，而且也只有公众共同参与才能实现国家的公共目标。因此，加强公众参与将使得公民更具备民主社会公民所需的公民资质，也能够更好地维持政党和社会团体。它不仅是增强民众团结和对社区、国家的认同感和归属感的需要，更是国家科学执政和有效发展的前提条件，因此这一问题非常值得研究和努力解决。

公众参与作为现代民主政治运行的输入程序，是公民的一项重要权利，也是保障我国民主政治建设和社会公平正义的基础。美国著名学者塞缪尔·P. 亨廷顿认为，公众参与是影响政治发展的重要渠道，而且，社会政治现代化衡量的最重要的尺度也是公众参与[①]。公众参与作为公民社会的核心环节，最能体现社会主义民主的实质，是实现社会主义民主的最好形式，是发展社会主义民主的最佳切入点，有利于促进人的全面发展。公众参与问题实质是政府和公众之间关系定位问题，它在人们生活的各个层面都起到重要的影响作用，因此成为当今公共行政研究中的核心问题。2010 年 3 月温家宝总理的政府工作报告中，专门提到要让群众参与到基层公共事务的管理中，

---

① ［美］塞缪尔·P. 亨廷顿：《变化社会中的政治秩序》，李盛平、杨玉生等译，华夏出版社 1988 年版，第 16 页。

参与到立法工作中。报告的核心都是强调加大公众参与，以建设让人民满意的服务型政府①。在报告原文中，公众参与的重要性在基层自治、政府扩大基层民主和立法工作等内容中都得以深刻的体现。政府要科学执政，已经迫切地要求公众进行广泛的参与。在这个意义上，公众参与已成为民主行政的逻辑起点和核心内容。

面对政府和学界的热切关注，厘清公众参与过程中各变量的关系，为我们的公众参与能够得以科学的发展提供论证已经迫在眉睫。因此，对目前我国公众参与的问题进行研究，摸清我国现在公众参与的现状和存在的问题，找寻到影响公众参与的关键因素，不仅对于有效地改善政治冷漠人群的参与行为有重要意义，对于政府科学引导公众有序参与也会提供一个合理的路径和科学的依据。而在理论上将有助于厘清公众参与关键变量的关系，构建一个更为科学系统的公众参与模型，夯实公众参与的理论基础。

因此，本书以成都地区的公众作为目标研究群体，将心理资本引入公众参与的认知、态度和行为的模型之中，同时考虑个人基本属性的差异和大众传媒的接触两个因素，构建一个更科学的公众参与模型，以期在拓宽公众参与研究的思路，对公众如何科学地参与公共事务，政府如何运用公众参与来科学化决策和推进政策实施方面做一些绵薄的贡献。

第二节　问题的提出

公众参与是一个历史地发展着的概念，随着学者们的不断深入研究，该概念的范围、含义和视野都在不断发展和扩大。公民

---

① 温家宝：《第十一届全国人民代表大会第三次会议政府工作报告》。

参与（citizen participation），公众参与（public participation），政治参与（political participation），这些有着相近含义的概念，实际并不完全相同，每个概念都反映了该学科对研究范围和理论关注方向的影响，也反映了不同学科研究的特点。学者们主要是从政治学和公共管理学两个领域对其展开研究。政治学最早研究参与理论，参与是政治理论中的一个核心概念。伴随着公众参与研究的不断扩展，学者们开始关注公众参与中的一些核心变量和重要概念，比如公众参与认知，公众参与态度，公众参与行为等，同时对它们之间的相互关系也颇为关注，最为典型的是宋蕾提出"认知－态度－行为"模型认为对起因和影响的认知程度决定了行动的态度，而态度决定了行动意愿[①]。这一"认知－行为"的模型在心理学、企业管理及公共管理的某些问题上都反复被讨论和分析，而在公众参与领域，笔者还没有看到相关文献，这为本书提供了一个较为广阔的研究空间。本书选择影响公众参与的主要的三个变量，即公众参与的认知、态度和行为三个方面分析其研究现状。

一 公众参与认知的研究现状

学术界对公众参与认知关注颇多，但是笔者能够查阅到的专门针对公众参与认知的文献是比较少的，学者们多是在论证公众参与的其他问题时将其作为一个变量引入到其研究中去，这就为本书提供了一个研究的空间。公众参与认知作为公众参与的一个起点，影响和决定着公众参与的其他重要部分，目前的研究主要集中在以下这些方面。

对公众参与认知的特点进行研究。Lewen，S. H. Engle 根据

---

① 宋蕾：《破解政府治理高碳的"效率困境"——基于"认知－态度－行为"模型的调研分析》，《理论探索》2012 年第 2 期。

公众参与认知的特点来对公众参与认知进行概念的界定①②。欲鸣认为公众参与认知的特点体现在其形成包括三个阶段：首先是政治价值形成阶段，其次是公众参与态度形成阶段，最后是公众参与评价形成阶段③。张兵则是从政治认知形成的特点来看公众参与认知的特点，他认为公众对政治的认识是其政治认知的基石，政治态度影响政治认知④。王功敏、桑成好以大学生为研究对象，认为他们的公众参与认知的特点表现为主导一致性与肤浅模糊性、稳定性与变动性、主动性与被动性、现实性与理想性等特点⑤。

对公众参与认知现状进行研究。此类研究多为定量分析和研究。涂序堂以大学生为研究对象，通过问卷调研发现其现状为：（1）政治认知主流乐观积极，政治参与信心有待提高。（2）政治认知水平发展不平衡，教育引导工作任重道远。（3）成才成功愿望迫切，是非观念矛盾和模糊现象值得关注⑥。任秀珍以农民为研究对象，通过问卷调研发现其现状表现为：（1）政治敏感度不强。（2）对民主政治有一定的了解，但仍然停留于感性层面，不知其实质所在。（3）对《村民委员会组织法》及实施村民自治意义的认知程度较低⑦。汪珍珍以大学生为研究对象，就其政治认知现状进行分析时将问卷划分为对国家大政方针、基

① Lewin, K. *Principles of topological psychology*. New York：McGraw–Hill, 1936.
② S. H. Engle. *Education for democratic citizenship：Decision making in the social studies*. New York：Teachers College Press, Teachers College, Columbia University . 1988.
③ 欲鸣：《把握政治认知的特点》，《思想政治工作研究》2001 年第 4 期。
④ 张兵：《把握政治认知的形成特点 搞好社会主义理想信念教育》，《中国青年政治学院学报》2001 年第 5 期。
⑤ 王功敏、桑成好：《正确理解和运用大学生政治认知的特点》，《天中学刊》2006 年第 6 期。
⑥ 涂序堂：《对当代大学生政治认知的现状调查与对策思考》，《江西教育学院学报》（社会科学版）2009 年第 2 期。
⑦ 任秀珍：《西北欠发达地区农民政治认知现状与特征——以甘肃省山丹县新河村为例》，《河西学院学报》2009 年第 3 期。

本政治制度及国家领导人等方面知识的认知；对政府的认知；对学生自身的权利义务及其政治角色的认知以及对于我国政治形势认知四个方面的维度予以考察①。

对提升认知的途径与渠道进行研究。郭正林认为政治认知主要取决于其认知渠道的多少及认知渠道是否通畅，因此要提升农民的政治认知，必须扩展和疏通其政治信息渠道②。张世金认为提升认知的途径应该是加强政治观教育，提高政治素质；创新政治课教学模式，提高学生的政治热情；参与社会实践活动，提高政治实践水平③。

对认知的动机进行研究。Russell J. Dalton 基于复杂政治理论，以发达国家公众参与认知与政党认同之间的关系入手剖析了公众参与认知的动机④。Somi Park，SoonBok Chang 认为认知就是一个情绪刺激，这个刺激作为输入程序，经过预估这个过程，最后输出决定的改变这一结果⑤。

从网络角度看公众参与认知。R. Kingston，S. Carver，A. Evans，I. Turton 基于网络政治参与分析了关于环境决策方面的内容⑥。张红薇在网络文化与大学生的公众参与认知的关系研究中，发现网络文化对其公众参与认知有巨大的冲击和影响，必须

---

① 汪珍珍：《大学生政治认知现状及对策探析》，《学理论》2010 年第 31 期。

② 郭正林：《农民政治认知与参与的定量研究》，《浙江师范大学学报》（社会科学版）2004 年第 5 期。

③ 张世金：《高职院校学生政治认知能力探析》，《教育与职业》2009 年第 10 期。

④ Russell J. Dalton："Cognitive Mobilization and Partisan Dealignment in Advanced Industrial Democracies". The Journal of Politics. Vol. 46，No. 1，1984.

⑤ SoMi Park，SoonBok Chang，ChaeWeon Chung. " Effects of a Cognition – Emotion Focused Program to Increase Public Participation in Papanicolaou Smear Screening"，Public Health Nursing . Vol. 22，No. 4，2005.

⑥ R. Kingston，S. Carver，A. Evans，I. Turton. "Web-based public participation geographical information systems：an aid to local environmental decision-making. " Computers，Environment and Urban Systems. Vol. 24，2000.

积极采取有效措施，应对网络文化带来的冲击，这样才有利于大学生的健康成长，也会促进我国社会的政治稳定①。

其他学者也有从认知受限的原因来进行研究的，如王振国、李亚楠认为大学生参与认知受限的主要原因就在于高校缺少系统公民教育、大学生自身社会阅历、认识水平的浅薄以及社会多元化价值观的影响，高校可以通过课堂训练和实践训练的方式提高大学生的参与认知水平②。还有从认知范式来进行研究的，如程竹汝在《论政治认知的两种范式》一文中指出两种基本观点的立论基础和方法论，得出的结论是它们都缺少理论上的周延性，进而在总结现代政治学关于政治基本范畴的认识基础上提出了超越两种观点的政治概念③。

以上这些研究对于公众参与认知的理论发展做出了重大的贡献，但是笔者还未看到对于公众参与认知和其参与态度直接关系的考察，也没有找到传媒和个人基本属性是否会影响到公众认知的研究，本书希望能够通过丰富公众参与的理论模型，对这些关键变量进行研究和探析，以期丰富公众参与认知的理论研究。

二 公众参与态度的研究现状

态度是一个较为抽象的概念，学者们认为欧波特（G. W. Allport）对态度的定义最具涵盖性，他认为态度是一种心智或神经的准备状态，态度是由经验所组成，它影响个人面对有关对象与情境的反应 [Allport（1935）；张秀雄（1992）；王锦雀（1995）]。国内学者陈文俊依据这个定义进一步说明有关态度的

---

① 张红薇：《网络文化对大学生政治认知的挑战与对策》，《郑州大学学报》（哲学社会科学版）2008 年第 7 期。
② 王振国、李亚楠：《大学生参与意识的培养途径探析》，《周口师范学院学报》2011 年第 3 期。
③ 程竹汝：《论政治认知的两种范式》，《教学与研究》2000 年第 3 期。

几个特性①：

1. 态度是内在心理状态必须由个人的言行推知。

2. 态度是由经验所习得的。因此态度的发展与社会化的过程密切相关。

3. 态度的构成成分有三：认知、情感或评价、行为倾向。

4. 态度必须要作出反应的对象，包括环境中人、事及物。

5. 态度是个人的反应准备，所以态度不等同于行为，而是介于情景刺激和行为反应之间的一个中间变量。

公民参与态度也具有上述态度的特征，因此本书采用萧扬基的观点，认为公众对所处的社会政治环境（包括人物、制度、设施），和对他们作为公民本身如何判断、看待，就称之为公众参与态度。

学者们对于公众参与态度的研究，国内外对公众参与态度的研究，多分散在政治态度或民主价值、法治态度等主题的研究之中。本书将相关研究整理如表1-1。

表1-1　　　　　　　　国内外研究现状

	研究者	研究内容	研究对象
国外研究	Emler&Reicher（1987）	法制态度	13—20岁青少年
	DeSario, J.（1987）	公众参与政策制定	公众
	Baik（1994）	政治知识与态度	5—11年级学生
	Laplant（1998）	公民意识、政治兴趣、政治效能感	中学生
港台研究	袁颂西（1974）	政治功效意识	国中、小学生
	张秀雄（1992）	民主态度、法制态度、民主认知、法律认知	台湾地区高中、高职学生
	陈文俊（1999）	政治态度	国中生

---

① 陈文俊：《台湾地区中学生的政治态度与价值》，《理论与政策》1999年第3期。

续表

	研究者	研究内容	研究对象
港台研究	张智全（2003）	政治态度	桃园地区国中教师
	江文孝（2005）	政治疏离感对政治参与的影响	居民
	陈义彦（2006）	我国大学生政治价值与态度的持续与变迁	大学生
	施宜君（2007）	传媒与政治参与态度关系研究	国小教师
大陆研究	李瑞昌（2001）	公共决策中的公民参与	全体公民
	龚益（2001）	公众参与在可持续发展中的表现形式	公众
	王国栋（2002）	公共政策中的公众参与	公众
	邵任薇（2003）	国内城市管理中的公众参与	公众
	徐雪（2004）	公共政策制定中的公众参与	公众
	李图强（2004）	公民参与社区工作和社会发展	全体公民
	胡子祥（2006）	社会参与意识	大学生
	姜胜洪（2008）	和谐社会视野下的农民工政治参与态度探析	农民工
	陈振明（2008）	"政治参与"概念辨析	公民
	徐善登（2009）	公众参与城市规划的态度分析与政府责任	公众
	周义程（2009）	公民参与态度与公民法治意识之成长	公民
	肖蔓楠（2009）	公众参与公共决策态度水平研究	公众
	李瑞清（2010）	朔州市新兴阶层的政治态度与政治参与研究	新兴阶层
	刘晓东（2012）	公众参与地方立法的几个问题	公众

资料来源：根据相关文献整理。

这些成果无疑对公众参与态度的研究奠定了重要的基础，但通过文献整理，可以发现国外多是针对某一特定群体的公众参与态度进行研究，而港台的研究多将对象集中于学生和老师，在研究方法上，上述两者多倾向于实证分析。而大陆的研究在研究方法上倾向于定性研究，且并不针对一个细分人群进行研究，多针对的是一个整体概念。同时在研究变量的考虑上，以上这些研究最常见的是考察了公众参与意识与行为的关系或者公众参与态度和行为的关系，缺乏对公众参与态度到底由几个因子构成的实证分析，缺乏对公众参与的态度和认知与行为的关系研究，更缺乏对公众参与态度在整个公众参与过程中起到什么作用的界定。本书将对以上这些问题进行分析和探讨，以期对公众参与的理论模型有一个完善和丰富，对于影响公众参与态度的关键变量有一个明确界定，对于公众参与态度在整个公众参与的过程中的作用有一个明确的分析。

三 公众参与行为的研究现状

公众参与在 20 世纪六七十年代以前，是属于政治参与的一部分。而后，伴随着研究的深入，逐渐与政治参与研究分离开来，成为公共行政学科的研究主题。近年来，由于学者们的深入研究，逐步成为一个独立的学术研究体系。

学界主要从理论角度和实践角度对其展开了研究，主要观点如下：

（一）从理论角度进行研究

1. 从公共治理的视角对公众参与行为进行研究。从 20 世纪 70 年代末，新公共管理理论和公共服务理论相继在西方产生，西方各国进入了公共部门管理改革的时代。继此之后，学者们开始从公共治理的视角展开了对公众参与行为的广泛研究。张立荣教授和汪志强副教授则从公共治理背景下权力资源配置的角度对公民参与治理社会公共事务的模式提出了精辟的见解①。认为政府社会管理体制要通过对向社会分权推进，建立一个以政府、市场和社会三大要素为主体的多中心治理体制。褚松燕博士认为在社会风险和矛盾频发的时期，唯有公众在国家事务中大量参与，才能确保公共利益，才能捍卫公民资格的平等，才能使得政治秩序得以确保②。陈振明教授则以公务员的"管理"和"服务"意识必须增强的视野，以政府与社会关系为主线，讨论了公众参与行为的相关问题。从公共治理视角探讨公众参与行为的学者们都普遍强调公共政策制定中的公民参与，既是公共政策科学化、民主化的需要，也是新公共管理运动和新公共服务理论的要求③。

2. 从协商民主理论的视角对公众参与行为进行研究。协商民主理论以公民参与、平等协商为基本价值诉求，主张公民参与而反对精英主义的宪政解释。哈贝马斯把政治理解为个人之间自由平等协商和集体参与的实践，民主被理解为普遍权利约束下的人民的自我统治④。我国学者彭宗超、薛澜等从听政制度入手，通过审视不同国家的议会举行立法听证的模式，比较分析了其立法听证的性质、功能与程序的异同，运用协商民主理论对立法听证这一特定公众参与活动进行剖析⑤。约翰·克莱顿·托马斯构建了一个公民参与的有效决策模型，并提出了五种可供选择的决

---

① 张立荣、汪志强：《当代中国政府社会管理创新——以麦肯锡 7 - s 系统思维模型为分析框架》，《江汉论坛》2006 年第 10 期。

② 褚松燕：《公民资格的发展对治理的影响》，《中共南京市委党校·南京市行政学院学报》2005 年第 6 期。

③ 陈振明：《政府再造——公共部门管理改革的战略与战术》，《东南学术》2002 年第 5 期。

④ 哈贝马斯：《作为意识形态的科学与技术》，学林出版社 1999 年版，第 15 页。

⑤ 彭宗超、薛澜：《国外立法听证制度的比较分析》，《政治学研究》2003 年第 1 期。

策模式供公共管理者参考①。托夫勒对政治体制进行了深入的思考，特别从代议制所面临的危机来分析了公民参与的必要性。从协商民主理论视角来研究公众参与的学者大多对公众参与的制度进行剖析，基本上是从静态的角度分析公众参与的问题②。

3. 从新公共行政学派的视角对公众参与行为进行研究。新公共行政学派提出的民主行政理论正在成为一种替代性范式，逐渐为越来越多人所认识。新公共行政学派认为，有效的公共行政是在主动参与的公民意识的脉络中加以界定的。新公共行政特别倡导公民积极参与，提倡公民和公务员在公共事务中进行最广泛程度进行参与，也力图增加公共政策形成过程中和组织事务中公共部门所有员工的积极参与。他以公共行政要以顾客为中心和响应公众呼声为中心，从而鼓励公民以集体或个体等多种形式广泛地参与公共行政。在新公共行政学派中，代表人物沃尔多提出了建构"参与式官僚""顾客至上的官僚""代表式官僚"等观点，集中体现了新公共行政学派的核心观点，主张行政官员都要广泛积极参与公共政策与公共事务的过程。另一位重要代表人物弗雷德里克森也从公共行政的形式、方向、范围等多方面来关注公共行政中的公民参与。因此，我们将新公共行政学派的公民参与模式概括为作为"公民"的民主参与模式。虽然新公共行政学的学者强调要积极倡导公民参与公共行政的权利，但是却缺乏对公民在公共行政中参与的深度、范围和方式上的论述，因此在作为普通公民的"积极公民资格"方面的研究却并未深入。

4. 从新公共管理理论对公众参与行为进行研究。在以新公共理论为理论基础的研究中，把公民参与模式称为顾客的回应型

---

① ［美］约翰·克莱顿·托马斯：《公共决策中的公民参与：公共管理者的新技能与新策略》，孙柏瑛译，中国人民大学出版社 2005 年版，第 48 页。

② ［美］阿尔温·托夫勒：《第三次浪潮》，朱志焱、潘琪、张焱译，三联书店1984 年版，第 26 页。

公民参与模式。该模式对公民参与公共服务的生产和提高进行了一定程度的授权，赋予公民在参与过程中具有较大的自主选择权，也充分肯定了公民是以顾客身份享有国家法律保护的自由和权利。陈振明教授则主要从政府与社会的关系方面，给新公共管理理论对公众参与行为寻找可供借鉴的地方①。张西勇、李琴认为新公共管理理论为扩大公众参与提供了价值基础，扩大了公民参与的空间，提升了公民的参与能力，使公民社会日渐成熟②。刘邦凡、侯秀芳认为在新公共管理实践中，公民参与的有效途径是多方面的，主要体现在公共政策、投票选举活动、承担社会责任、公共服务和分配公共物品等方面③。以新公共管理理论的视角研究公众参与拓宽了其参与的广度和深度，但该理论对公众作了片面的经济学假设，忽略了公平、公正、代表、参与等宪政民主价值就彰显了该理论的局限性。

5. 从新公共服务理论看公众参与行为的问题。新公共服务理论的公民参与观点主要包括：第一，塑造公民美德；第二，主张民主对话；第三，共同生产；第四，共同领导。登哈特以公民为治理系统中心这一新公共服务的观点，对政府角色的转变提出了一些基本观点④。丁煌教授则从介绍新公共服务理论的角度对公共政策制定中的公民参与表达了自己的看法⑤。在新公共服务理论中，公民参与的模式是采用强势参与的模式，在政府治理中

①　陈振明：《政府再造——公共部门管理改革的战略与战术》，《东南学术》2002 年第 5 期。

②　张西勇、李琴：《新公共管理模式对公民参与的促进作用》，《天水行政学院学报》2009 年第 5 期。

③　刘邦凡、侯秀芳：《论实现新公共管理的公民参与》，《学习论坛》2007 年第 5 期。

④　[美] 罗伯特·登哈特：《新公共服务：服务而不是掌舵》，丁煌译，中国人民大学出版社 2010 年版。

⑤　丁煌：《当代西方公共行政理论的新发展——从新公共管理到新公共服务》，《广东行政学院学报》2005 年第 6 期。

发挥着"积极公民资格"的作用。该理论认为公民参与是实现最佳政治结果、民主目标和增强政府合法性的最佳途径。

此外还有运用强势民主理论、社区公民治理理论、市民社会理论、柏特南理论、社群主义、公民参与阶梯理论等理论来分析公众参与行为的研究。

（二）从现实角度进行研究。

众多学者从公众参与行为的实际情况出发，基于公众参与行为的内涵，参与行为的原因，参与行为所产生的作用，参与的途径、方式和效果，参与的现状及存在的问题，参与的政策建议等角度进行了多方面的研究。

1. 公众参与行为内涵的研究。西方学者对公众参与行为的理解亦有所不同，较有代表性的观点主要体现在四个方面：首先，公众可以通过合法途径来自愿地参与到政治生活中去；其次，公民可以通过加入社团，通过组党或者投票等方式去影响政治决定的参与行为；再次，通过对统治者的选择，来分享在公共政策过程中的自愿活动；最后就是公民通过贯彻公共政策行动来进行参与。上述关于公众参与行为的定义虽然存在一定的分歧，但其在结构方面存在某种一致之处。

我国学者也对公众参与行为展开了广泛的研究，比较有代表性的观点认为公众参与行为指公民意识的落实与实践，因此其内涵主要涉及参与社会生活和政治生活行为两大方面。林嘉诚将政治参与行为分为选举行为与一般性政治行为。选举行为包括三种：（1）历年投票行为；（2）历年投票方向；（3）历年选举参与行为。一般性政治参与行为则包括：（1）政治消息传播行为；（2）与官员接触行为；（3）参加政党行为[①]。在社会生活参与行为方面，林晖月将居民参与社区公共事务的方式分为以下五

---

① 林嘉诚等：《政治学辞典》，台北：五南图书出版社 1994 年版。

种：（1）信息交流；（2）参与活动；（3）意见表达；（4）参加组织；（5）出席会议①。在公民参与行为方面，洪泉湖认为现代公民应具备的技能有：（1）获取、评估、应用政治信息的能力；（2）行使、维护自己权益的能力；（3）自我表达的能力；（4）有效参与公共事务的能力，（5）理性自治的能力；（6）独立思辨的能力；（7）议事的能力；（8）沟通协调的能力②。

2. 对公众参与行为的原因的分析。公共选择学派更强调在公众参与行为中的公民投票行为，因为投票行为集中体现了在政策或候选人中的偏好。公众参与投票的目的是通过参与政治获得预期效用最大化。罗伯特·达尔则从公民为什么不愿意参与公共事务的反向思维来分析影响公民参与公共事务的若干原因③。亨廷顿从社会经济现代化与公众参与行为的关系角度入手分析了参与的原因④。阿尔蒙德则从政治文化的因素分析了公众参与的原因⑤。萧扬基认为公众参与公共事务的原因主要有四个方面：第一是公众参与行为是基于其自身利益的需要；第二是认为公众参与行为是在维护自身的权利；第三是公众参与行为是基于其履行社会责任的需要；第四是公众参与行为是为了提升其自身的素质能力的需要。

3. 对公众参与行为所产生作用的分析。有关这一角度的研究者主要是从公众参与行为所产生的积极作用和消极作用两个角

---

① 林晖月：《居民的社区意识与社区公共事物参与态度及方式关系之研究—以台南市为例》，博士学位论文，国立中山大学公共事务管理研究所，2001 年，178 页。

② 洪泉湖：《从政治学论公民教育的理论与实施》，台北：师大书苑出版社1998 年版，第 56 页。

③ ［美］罗伯特·达尔：《现代政治分析》，王沪宁等译，上海译文出版社1987 年版，第 143 页。

④ ［美］塞缪尔·P. 亨廷顿：《变化社会中的政治秩序》，李盛平、杨玉生等译，华夏出版社 1988 年版，第 121 页。

⑤ ［美］加布里埃尔·A. 阿尔蒙德，西德尼·维巴：《公民文化——五国的政治态度和民主》，马殿君、阎华江等译，浙江人民出版社 1989 年版，第 79 页。

度来进行分析。积极作用的代表是日本学者蒲岛郁夫。他对扩大公众参与非常肯定，并在其著作中阐述了公众进行政治参与至少有四个方面的积极作用：一是政治参与过程中最能反映出公民的意愿；二是公民的参与不仅对政府有约束作用，同时还可以教育公民；三是政府可以借由公众参与，来协调不同公众的意愿和利益，从而提升其自身的执政水平；四是政府和公民意愿之间存在矛盾，而公众参与可以稳妥地予以调整和纠正①。多元主义者和民粹主义者都认为公众参与行为会产生非常积极的作用，有助于维护政治体系的稳定，能够促进政治发展，是维持民主政治的重要条件。西方学者对政治参与可能导致的危害性进行了较为深入的研究，托马斯是消极作用的代表人物，他提出了公民参与的有效决策模型，他认为公民的参与造成了对公共政策的扭曲。消极作用学派将其指责主要集中在两个方面：第一，因为制度化水平不高，因此认为大量的政治参与反而引起政治体系不稳定；第二，如果政治参与无序，则会使得公共政策扭曲，使得原有政治体系的合法性遭到质疑②。

4. 参与的途径、方式和效果。关于参与的途径，学者们主要从三个视角来予以分析。第一，行政学视角下的公民行政参与的形式与途径。孙柏瑛以公民行政参与的程度为依据对其形式做了总结，认为其包含公民创制与复决、公民调查、公民投诉和关键人物接触四个方面③。董小平的研究认为精英派送、政策合作、决策建议和自主治理结构化是公民行政参与的主要路径④。

---

① ［日］蒲岛郁夫：《政治参与》，解莉莉译，经济日报出版社 1989 年版，第111 页。
② ［美］约翰·克莱顿·托马斯：《公共决策中的公民参与：公共管理者的新技能与新策略》，孙柏瑛译，中国人民大学出版社 2005 年版，第48 页。
③ 孙柏瑛：《公民参与：社会文明程度和国家治理水平的重要标识》，《上海城市管理职业技术学院学报》2006 年第 3 期。
④ 董小平：《地方公共治理视野中的公民行政参与》，硕士学位论文，苏州大学，2007 年，第263 页。

从世界各国的民主政治进程的视角，还有学者提出，公民参与的主要形式大致有：告知、咨询和积极参与。孔凡宏则从如何在行政领域扩大公众的直接参与方面分析了公众参与的方式①。

第二，政治学视角下的公民政治参与的形式与途径。学者们在很多著作中对该问题进行深入探讨和分析，如：俞可平总结了公民参与的常用方式包括：对话、辩论、协商、游说、宣传、动员、集会、请愿、抗议、示威、投票、结社、游行、公决、反抗、串联、竞选、检举、听证、上访等。伴随着信息革命和网络技术的发展，网络论坛、网络组织、电视辩论、手机短信等一些新的公民参与形式也正在出现。郑楚宣对民主政治发达的国家进行了专题研究，认为政治投票和政治选举活动、参加政党与社团活动、政治表达、政治接触活动是其主要的参与方式和途径②。

第三，社区治理视角的社区公民参与形式与途径。杨敏认为公众社区参与主要有包含身体参与、权益性参与、依附性参与和志愿性参与四种模式③。孙柏瑛总结了公民社区参与形式主要有公民会议、公民论坛、社区发展公司三种④。姜晓萍、衡霞在研究公民参与自主性与参与机制的成熟度的关系时指出，其参与的模式主要有：机制完善和不完善两种情况下的公民自主参与以及机制完善的公民假性参与假象⑤。

其他学者还针对某一地区或整体公众参与的现状进行剖析，针对其存在问题进而给出政策建议的角度来进行公众参与

---

① 孔凡宏、张继：《论公民对公共行政的参与：价值、形式与保障》，《中国行政管理》2008 年第 3 期。
② 郑楚宣等：《政治学基本理论》，广东人民出版社 2001 年版，第 76 页。
③ 杨敏：《公民参与、群众参与与社区参与》，《社会》2005 年第 5 期。
④ 孙柏瑛：《公民参与：社会文明程度和国家治理水平的重要标识》，《上海城市管理职业技术学院学报》2006 年第 3 期。
⑤ 姜晓萍、衡霞：《社区治理中的公民参与》，《湖南社会科学》2007 年第 1 期。

行为的研究。

四　心理资本的研究现状

心理资本作为积极心理学的最新研究成果，在该变量提出后就被学者们广泛关注，在心理学领域和企业管理领域进行了深入的研究。因为心理资本对人的认知、态度和行为有非常重要的影响，因此在心理学领域和企业管理领域已经有很多学者将心理资本与人的认知、态度或者行为联系起来进行研究。

Luthans 等人通过研究发现，心理资本能够积极指导员工的组织行为，这一发现使得心理资本的概念在组织管理领域得到了拓展[1]。仲理峰的研究结果显示，心理资本应该包括员工的希望、乐观和坚韧性三个重要的方面，而心理资本对他们的组织承诺、工作绩效和组织公民行为均有积极影响[2]。惠青山的实证研究发现，心理资本对态度行为变量有显著影响[3]。张兴贵、王蕊的研究表明心理资本比大五人格对组织行为具有更强的预测力[4]。田喜洲、谢晋宇的研究发现，心理资本在组织支持感对员工组织公民行为的影响中，起到完全中介的作用[5]。武芬芬在员工心理资本对其工作态度影响的实证分析发现通过对心理资本及其各个维度与工作态度的回归分析可以看出，员工单个维度的心理资本对其工作满意度和组织承诺影响较小，而整体的心理资本

---

① Luthans, F., Youssef, C. M. Human, "social and now positive psychological capital management: Investing in people for competitive advantage". Organizational Dynamics, Vol. 33, 2004.

② 仲理峰：《心理资本对员工的工作绩效、组织承诺及组织公民行为的影响》，《心理学报》2007 年第 2 期。

③ 惠青山：《中国职工心理资本内容结构及其与态度行为变量关系实证研究》，博士学位论文，暨南大学，2009 年，第 238 页。

④ 张兴贵、王蕊：《心理资本与大五人格对组织行为预测作用的比较研究》，第四届中国管理学年会——组织行为与人力资源管理分会场论文集，2009 年。

⑤ 田喜洲、谢晋宇：《组织支持感对员工工作行为的影响：心理资本中介作用的实证研究》，《南开管理评论》2010 年第 1 期。

则影响很大①。李美芳的研究表明，企业知识性员工的心理资本与其创新行为直接存在正相关的关系②。莎日娜的研究表明心理资本对职业探索行为显著正相关，可以通过改善个体心理资本的各个维度来促进职业探索行为③。王立探索了心理资本与建言行为关系直接的关系，研究表明心理资本与建言行为之间的关系受条件因素影响，主管支持感是它们之间的调节变量④。廖军和、李志勇在心理资本对中小学教师工作态度与行为的影响的研究中发现，心理资本不仅可以直接影响组织承诺、工作满意度、职业倦怠及工作行为，而且，还可以通过组织承诺、工作满意度、职业倦怠，间接地影响工作态度、工作绩效和离职意向等工作行为⑤。

以上研究均发现心理资本对人的态度和行为有影响作用，研究主要集中于心理学界和企业管理方面，探讨一个人是自信还是自卑、希望还是绝望、乐观还是悲观、坚韧还是脆弱等心理状态会影响到员工的态度或者员工的某项行为等指标。而心理资本在公众参与的时候会不会影响到公众参与的认知以及态度或者行为，是怎样影响这三个关键变量的研究还没有被大家关注到，但积极心理学所提出的心理资本在公众参与过程中的一个极可能是重要干扰变量，因为即使是同样的参与认知和态度的人们，如果他的心理资本情况不同的话，他的参与行为也

---

① 武芬芬：《员工心理资本对其工作态度影响的实证分析》，第五届（2010）中国管理学年会论文集，2010年。

② 李美芳：《企业知识型员工心理资本与创新行为的关系研究》，硕士学位论文，山东大学，2011年，第149页。

③ 莎日娜：《心理资本对职业探索行为的影响研究》，硕士学位论文，东华大学，2011年，第58页。

④ 王立：《员工工作友情、心理资本与建言行为关系研究》，博士学位论文，吉林大学，2011年，第86页。

⑤ 廖军和、李志勇：《心理资本对中小学教师工作态度与行为的影响》，《大庆师范学院学报》2011年第6期。

可能会大相径庭。而目前关于心理资本在公众参与中的研究还没有涉猎，因此将心理资本纳入公众参与模型中进行考虑就显得非常有必要。

综合公众参与的认知、态度和行为的文献综述，我们可以发现以下几个问题：

1. 公众参与态度到底由几个因子构成，以往的研究仅从定性的角度和文献的角度来进行研究，但是从定量的角度通过因子成分分析，采用探索性因子分析和验证性因子分析来确定公众参与态度的研究还没有发现，并且对于公众参与态度在整个公众参与过程中到底扮演一个什么角色的研究也没有发现。因此探索公众参与态度到底由几个因子构成将有助于该领域在这一问题的丰富，探索公众参与态度在公众参与认知和行为中间到底起到什么作用，将有助于公众行为的科学引导。

2. 尽管学术界对公众参与过程中的三个关键变量：公众参与认知、参与态度和公众参与行为都有进行分别的研究，且在心理学和市场营销领域也有将认知、态度和行为进行三者关系研究，但在公众参与领域三者的关系一直没有一个清晰的界定和整体的考虑，采用定性与定量相结合的方式，深入探讨三者直接的关系将对这一问题的研究起到推进作用。

3. 心理资本作为影响人的认知、态度和行为的一个关键变量只有在企业管理和心理学领域被涉猎，由于心理资本是心理学研究领域的新发现和新理论，将这一重要变量纳入政治学与行政学界进行考虑的研究还没有涉猎。而同一个人在企业行为中他的心理资本会影响到他的行为，那么在公共事务的参与过程中也会同样影响到其行为，将这一心理学领域的最新研究成果纳入公众参与中来，将极大地拓宽公众参与的视野，更加科学全面地分析和研究公众参与问题。

第三节 研究目的和意义

一 研究的目的及内容

本书旨在将心理学的最新研究成果即心理资本这一变量应用到公众参与的研究中，结合公众参与的三个最关键的因素——参与的认知、态度和行为，综合考虑个人基本属性和大众传媒的接触，充分运用心理学、政治学、行政学、社会学和物理学等学科的知识，构建一个更为科学的公众参与模型。在严谨的定性与定量分析的基础之上检验各变量的相互关系和作用，为公众参与的理论研究和实务操作提供更坚实的理论基础和更广泛的解释能力。

为了实现这一目的，本书的研究内容紧密围绕以下几个方面：

1. 对公众参与中的核心变量——公众参与态度的内涵结构进行探索并验证，建立其结构维度模型，并对其影响因素进行分析。

2. 探索公众参与认知、态度和行为三者之间的影响关系，将全面解析公众参与认知与公众参与态度的关系；公众参与态度与公众参与行为之间的关系；公众参与认知与公众参与行为的关系。并对公众参与态度在其中到底是起到干扰变量的作用还是调节变量的作用通过实证分析进行验证。

3. 研究公众参与和心理资本之间的关系，在理论研究的基础上，通过实证研究，探析心理资本在公众参与中是干扰变量还是中间变量，心理资本中的哪些因素是对公众参与的认知、态度和行为中的哪些变量产生了关键性的作用。

4. 大众媒体和个人基本属性在公众参与中的作用：研究不同的传媒对公众参与的认知、态度和行为有何影响；探寻最合适政府进行公众参与的媒体方式；个人基本属性的不同分别对公众参与的认知、态度和行为有何影响；如何通过个人属性的不同有针对性引导其进行积极有序的参与。

综上，本书将国内外公众参与的内容、结构实证研究进行比较分析，选取其中最为核心的三个变量：公众参与的认知、态度和行为，构建基本模型，同时考虑心理资本、大众传媒的接触以及个人基本属性等因素，构建成一个完整的公众参与的变量模型，充分探求各变量之间的关系。

二 研究意义

本书的理论意义在于：（1）有助于厘清公众参与关键变量的关系，构建一个更为科学系统的公众参与模型，夯实公众参与的理论基础。公众参与认知、态度及其行为是整个公众参与过程最核心的三个变量，然后这三个变量之间的关系一直缺乏明确的界定和分析，本书通过厘清三者关系，构建更科学的公众参与模型，从而更清晰地研究公众参与的相关问题。（2）将心理资本引入公众参与中来，有助于有效的拓宽公众参与的研究视野，开阔公众参与的研究思路。心理资本作为心理学领域的最新研究成果，其在公众参与领域还未涉猎，通过将其引入公众参与中来，更好地分析公众参与的问题，拓展研究思路。

其实践意义在于：（1）通过实证研究，将有助于把握我国公众参与的现状及其存在的问题；（2）通过公众参与相关模型的构建，将有效地改善政治冷漠人群，通过参与关键变量的调整转变其参与行为；（3）通过公众参与的关键因素的探析，将对政府引导公众有序参与提供路径及科学依据。

第四节 研究方法与技术路线

一 研究方法

本书是关于公众参与的综合研究，将综合运用政治学、行政学、管理学、心理学、传媒学、社会学和行为科学等多个学科的知识和理论，采用定性与定量相结合的方式进行研究。本书主要结合了以下几种研究方法。

1. 文献分析法。文献分析法是理论推导与演绎的基础，首先本书是在广泛查阅中外文献的基础上，分析公众参与的研究现状，找寻其研究不足，发掘了文章研究的切入点。其次，本书通过文献分析法进行了公众参与的相关理论分析，并对公众参与过程中各变量进行了界定，是整个模型构建的基础，同时也是研究假设的重要支撑。

2. 定性实证研究。本书运用焦点访谈、小组访谈、深度访谈和专家访谈相结合的方式，对调研中预测试部分的问卷信度和效度进行了有力的支撑，同时通过访谈也印证和解释了问卷调研的结论，使其更加符合实际，更加科学客观。

3. 定量实证研究。本书主要采用问卷调查的实证方法，在成都地区展开全面调研，通过问卷分析得出各变量之间的关系；在进行数据分析主要运用 SPSS 11.5 软件、LISREL 8.54 软件、R 软件等软件，采用描述性分析、T 检定、卡方检定、相关分析、方差分析、回归分析、探索性因子分析、验证性因子分析结构方程建模技术等分析方法对调查数据进行处理，从而一一验证了各种假说，确保了文章研究的科学性和有效性。

二 技术路线

本书的技术路线如图 1 - 1 所示：

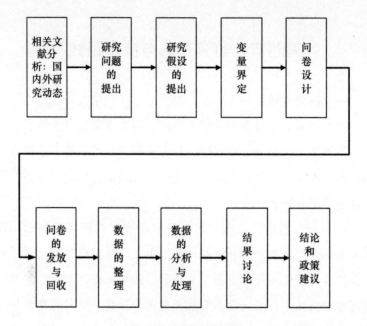

图 1 – 1　技术路线图

第二章　公众参与的文献综述

本章将对全文的核心变量公众参与认知、公众参与态度、公众参与行为进行内涵界定和测量的文献综述，并对在整个公众参与过程中影响公众参与的变量心理资本、大众传媒、个人基本属性进行变量的定义和变量测量的文献梳理，通过文献整理将对本书研究框架、操作变量的确定以及测量奠定重要的基础。

第一节　公众参与的研究

一　公众参与的内涵

在政治学和行政学中公众参与都是一个非常重要的术语。英语对公众参与的翻译包括 political participation、public or citizen engagement、public involvement 等。其中最传统的翻译是 Political participation，因为这个词语带有更多的政治参与的意味，包含了公众在决策过程的参与，组织决策权利分享等意思，更富含参与的实质含义，因而受到更广泛的采用。国内的研究者将以上英文词汇分别翻译为政治参与、公民参与和公众参与。政治参与更加强调其参与内容与政治相关，公民参与更加强调从法律的角度来确定参与者的身份，公众参与的内涵和外延要更大一些。就学界对于公民参与和政治参与研究趋势，近年来的表现为不再局限为政治领域，且不强调需要与政府或者公共政策相关，而是希望其研究范围更加广阔，能够拓展到社会公共事务中去。同时在参与人群上也不再特意强调其法律意义上的公民身份，因为这些名词虽然表达方式不同，但其核心内涵都是一致的，因此，本书并不对这些词语进行严格的区分，本书采用公众参与仅因为其所包含的人群和内容更为广泛，这会使得研究的适用性更强。

对于参与这一名词的解释，牛津字典主要从分享的两个方面来予以界定。一种解释是一种分享行为，这种行为主要是对于人或者事的特性与本质的分析；另一种解释则是分析与友谊、利益、伙伴等彼此共同分享的事实或者状况。

若我们对第二种解释给予另一层深入的诠释，那么参与就是对于某些行动、事情的分享与加入，如社区成员对于组织决定的涉入将会影响到他们的生活与工作，这就是一种公众参与。

在《社会工作辞典》中，对于公众参与的定义是：公众参与是指公众生活及生活程度方面有关的措施，应让公众参与决策及共同对执行负责，且共享其成果。

《公共行政辞典》将公众参与界定在政策形式，方案执行和行政决策的过程中，公众的直接涉入。

Arnstein 也认为：公众参与是公众权利的运用，是一种权利的再分配。借由公众参与，可使目前被排除于政治、经济过程外，而没有权利的公民，对未来能有机会被纳入考虑①。

G. D. Garson 和 J. D. Williams 则认为公众参与是"更多的政府回应和公民涉入公共事务的更直接方式的行动，尤其是在方案的执行和管理"。在此处的公民参与者包括一般的公民，社区成员，甚至是黑人或少数民族②。

---

① Arnstein, Sherry, "ALadder of Citizen Participation", Journal of American Institute of Planners, Vol. 35, No. 4, 1969.

② Garson, G. D., J. D. Williams, *Public Administration: Concept, Reading, Skill*, Bost Public, Massachusetts: Allyn & Bacn Inc., 1982.

J. V. Cunningham 则将公众参与定义为"普通社区的业余人员执行其权力于社区的一般事务的决策的一种过程"。此处业余人员也是指社区的一般成员，而不是公民的优秀分子[①]。

吴英明教授认为，公民参与指在基于对主权的认识和行动下，人民或民间团体，能够获取有关政府的行动及政策充分的信息，同时也有健全的渠道。人民可以从认知的过程中掌握较丰富的资讯，培养受尊重的认知，进而将感情、知识、意志及行动在所生活的社会中做累积性的付出[②]。

张秀雄教授认为，所谓公众参与是指具有参与社会生活和政治能力的技能，因此以公众参与取代并非涵盖政治参与较为妥当[③]。

陶东明、陈明明提出，公众参与是指公众在法律所规定的权利内，运用一定的途径和方式，在自觉自愿的态度下参与社会政治生活，以达到影响政府政治决策目的的一种行为[④]。

马振清认为公众参与是指在政治系统决策过程，公民所采取的影响和推动行动[⑤]。

李图强认为，所谓公众参与，就是公民在合法性的前提下，根据自身所拥有的能力与知识，在对参与公共事务所花费成本及对参与后可能产生的影响力的预期的估计之下，理想地选择最合适的参与途径和方法，以达到追求公共利益、落实民主政治和实

[①] J. V. Cunningham, "Citizen Participation in Public Affairs", Public Administration Review. Vol. 32, 1972.

[②] 吴英明：《公私部门协力关系和公民参与之探讨》，《中国行政评论》1993年第3期。

[③] 张秀雄：《公民教育的一个与实践》，台湾师大书苑有限公司1999年版，第94页。

[④] 陶东明、陈明明：《当代中国政治参与》，浙江人民出版社1998年版，第131页。

[⑤] 马振清：《中国公民政治社会化问题研究》，黑龙江人民出版社2001年版，第43页。

现公民资格的目标，公民个人或者团体从事的公共事务与决定的行动①。

由上述对公众参与的不同定义中，首先必须认识到"公众"一词已经不再限于传统的优秀分子，或者仅仅强调其法律的公民身份，早已扩及一般的居民、市民等，而公众参与的定义也不再仅仅限于通过选举所产生的立法、司法及行政的代表在政府中行使职权，也不再仅仅局限于其政治参与的领域，有逐渐扩大范围和向公众涉人公共事务和社会事务的方向发展的趋势。因此本书选取"公众参与"一词作为研究对象是依据了政治参与和公民参与在政治学与行政学的整个发展趋势而来的。

二　公众参与的相关理论

公众参与的理论，可以依据分析层次，区分为宏观分析的参与理论和微观分析的参与理论。

（一）宏观分析的参与理论

1. 普遍性的社会动员论：所谓动员性的公众参与，是指参与者虽然采取了某种设计来影响政府的行动，但其本人仅依他人的"训示"而行事，并无影响政府的意图。也就是说，参与者并非主动自发地表示强烈的参与意图，而是被动地被他人动员起来。社会动员论的主要代表人物是 Daniel Lerner 和 Karl Deutsch。

2. 阶段性的参与理论：

（1）相对剥夺论：相对剥夺论主要是发生在一个国家从发展中国家向现代化迈进的过程中，由于各种矛盾频发，社会各群体的文化悬殊和差异使得其社会成员的心理发生了变化，感觉到强烈的相对剥夺感，于是采用一切消极主动的方式，如示威、游

---

① 李图强：《现代公共行政中的公民参与》，经济管理出版社 2004 年版，第77 页。

行、静坐或者暴力抗争等行为来进行政治参与，使得公众参与反而频繁和积极。

（2）精英内斗论：在某些发达国家，当统治精英倾向于分裂时，各方争权者便会诉诸群众，寻求支持，以期相互对抗，从而提高了该国政治参与的数量，并扩充政治参与的种类，但当统治精英趋向于结合在一起时，政府就可以成功地压制在野的反对力量，因而降低政治参与的数量，甚至显著减少政治参与的需求。

（二）微观分析的参与理论

1. 双元模型：Sidney Verba 和 Norman H. Nie 认为，左右公众参与行为的因素有两种：个体力量和团体理论①。

（1）个体力量：所谓个体力量，乃包含两大因素：其中之一为公民个体的资源，如从事公众参与所需的财力、知识、时间、声望等；另一方面则是为公民个体的动机，如公民的政治兴趣、政治功效意识、公民责任感等。

（2）团体理论：团体是指政党、社团、地方派系等。所谓团体理论，也包含了两大因素：其一为团体的资源，如团体的组织强度；另一方面则为团体的动机，它是基于成员的身份所发展出来的"团体意识感"或政策偏好，关心政府侵犯或有利于团体的措施。

当一个团体的资源与动机相辅相成的时候，则该团体影响公众参与的力量就不容小视。

2. 漏斗状的因果模型：这是由美国密歇根大学 Angus Campbell、Philip Converse、Warren Miller、Donald Stokes 于 1960 年提出，主要用来解释公民的投票行为的一个理论，漏斗状因果模型如图 2 - 1 所示。

---

① Sidney Verba, Norman H. Nie, *Participation in America: Political Democracy and Social Equality*, New York: Harper & Row, 1972.

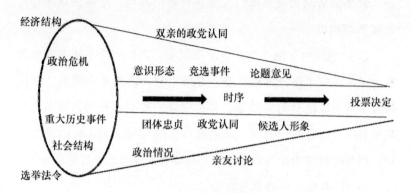

图 2-1　漏斗状的因果模型图

判断因果关系的两个因素是：

（1）时间向度：即上图漏斗管中空的管状部分，是各变量在时序上发生的顺序，越接近尖端的变量越晚发生，越接近管口处的变量越早发生，从管口到尖端，影响投票决定的各种变量，彼此相辅相成。每一个变量既是前一变量的结果，又是后一变量的原因。随着时序的推展，越接近尖端处，直接发挥影响作用的相关变量，也就逐渐减少，从而使得整套影响因素呈现出一种收敛序列，最终达到特定点的投票决定。

（2）经常连接：自变量与因变量所发生的关系，不是出于偶然，而是经常、相伴发生的共变关系。

自从公众参与的基本权利得到法律保障以来，公众参与的热情也逐渐觉醒，近年来公众参与的数量和层面都有扩大的现象，这就显示了公众参与的提升。

以上是从宏观和微观层次来看公众参与的理论基础，同时公众参与的理论还包括在绪论中提到的公共治理理论、协商民主理论、新公共管理理论、强势民主理论、新公共服务理论、新公共行政学理论、社区公民治理理论、市民社会理论、柏特南理论、公民参与阶梯理论等理论强大支持。

第二节　公众参与认知研究

一　公众参与认知的界定

对于公众认知的含义，学者们展开了讨论，根据各自的研究进行了界定。

Lewen 认为，个体是对现实做出反应的基础，不是基于现实本身，而是基于对现实的认知。因此认知对现实的反映有可能是正确的，也有可能是对现实的歪曲，但是人们的行为均是在对现实认知的基础之上的①。S. H. Engle 在以学生为研究对象的课题中，认为公众认知应该包括以下内涵：（1）环境研究：包括环境问题、地球、地理、人与环境关系等；（2）制度研究：包括法律制度、经济制度、政治制度、国际关系、社会制度等；（3）文化研究：包括文化的异性、文化的相似性、文化的普遍性、文化的消长、异文化的尊重等；（4）做决定的问题：包括知识的取得、沟通、价值等；另外，还要对社会问题、公民实习、与民主的学校环境等的基本认识②。GR Ferris，G Harrell-Cook 和 JH Dulebohn 对组织政治认知做了界定，指出组织政治认知是个体对在工作环境中，对自利行为的归因和对组织内其他人行为意图的归因③。

曾济群认为，一个健全的公民应该对下列的概念有清楚的认识：自由和正义、公平程序、异议表示、法治、平等、分殊歧义等。同时对一般性的权利义务有所了解，就自由权而言，比如良

---

① Lewin, K. *Principles of topological psychology*. New York：McGraw-Hill Book Company, Inc. , 1936.

② S. H. Engle. *Education for democratic citizenship*：*Decision making in the social studies*. New York：Teachers College Press, Teachers College, Columbia University, 1988.

③ GR Ferris, G Harrell-Cook, JH Dulebohn. *Organizational politics*：*The nature of the relationship between politics perceptions and political behavior*. Emerald Group Publishing Limited, 2000.

心与宗教的自由，思想、意见和表达的自由，以及出版和其他传播媒介的自由、和平集会的自由、结社自由等。对上述各项自由及权利的认识清楚是一个现代公民必须具备的能力①。萧扬基认为公众的认知主要是要清楚自己的责任和权利，能够对自己公民角色有明确的理解。将不仅只有法律的正式规定，包括公民对群我、社会与政治社群等关系的认知。郭正林认为政治认知水平主要是指农民对政治事务的知晓程度。政治认知的程度在很大程度上取决于政治认知渠道的多寡与通畅程度②。连纲、虎陈霞、刘卫东将公众参与的认知限定到耕地保护及多功能价值的认识情况，这是根据他的特定研究对象而言的，他们实际也是认为公众参与的认知是对公共事务的认识情况③。涂序堂对大学生政治认知进行了研究，认为政治认知是指他们对于政治生活中各种人物、事件、活动及其规律等方面的认识、判断和评价④。

综合国内外学者的研究，本书认为公众参与认知是对公共事务和社会事务的知晓程度和认识程度。文章所采用的公众参与认知是操作性定义，仅限于问卷测量上所包含的范围，包括：对公共事务的认知，对权责的认知和对公众参与条件的认知。被试在公众参与认知量表上得分越高，则表示其公众参与认知得越好。

二　公众参与认知的内容和维度

对于公众参与认知的结构和测量，目前研究非常少，萧扬基认为公众认知的量表应该包含对"公共事务的基本认识""公民

---

① 曾济群：《谈国中公民与道德科新课程教育》，《"国立"编译馆通讯》1997年第4期。

② 郭正林：《农民政治认知与参与的定量研究》，《浙江师范大学学报》（社会科学版）2004年第5期。

③ 连纲、虎陈霞、刘卫东：《公众对耕地保护及多功能价值的认知与参与意愿研究——基于浙江省苍南县的实证分析》，《生态环境》2008年第17卷第5期。

④ 涂序堂：《对当代大学生政治认知的现状调查与对策思考》，《江西教育学院学报》（社会科学版）2009年第2期。

权利的基本理解""公民责任的基本理解""公民条件的基本理解"四项。马超对组织的政治认知进行了分析，认为其包括"自利行为""薪酬与晋升"和"同事关系"三个维度①。江美惠将公众参与认知主要集中于公众参与知识的认知上，确定了在公众参与的政治知识、经济知识、法律知识、文化知识、社会认知和通识道德六个维度的认知②。涂序堂将大学生的参与认知分为基本政治知识的认知、国内外时事的认知、社会现状的认知、大学教育改革认知、政府领导群体的认知等方面③。

　　总体来说，对于公众参与认知的结构和测量的研究是比较缺乏的，目前被认可度最高的是萧扬基的公众参与认知量表，在港台的相关研究中很多人都直接引用他的量表，并证明了其信度和效度都很好，但他在衡量公众参与认知时是采用考试卷的单选题的方式进行的，以所得分数判定公民认知的程度，而台湾的政治和大陆还有些差别，因此照搬量表到大陆其适用性就会受到质疑。因此本书在借鉴萧扬基测量维度前提之下根据内地国情，通过小组访谈、深度访谈和专家访谈相结合的方式，找到关键变量及其题项，并经过信度效度的检定，制作出科学有效的适合国内公众参与认知的问卷。

第三节　公众参与态度研究

一　公众参与态度的界定

　　对于态度的定义，国内外学者都做出了大量研究。王锦雀认

---

① 马超：《组织政治认知及其对人力资源管理影响的研究》，博士学位论文，暨南大学，2005，第115页。

② 江美慧：《国中生的公民知识与态度之研究——以高雄市国三学生为对象》，硕士学位论文，台湾师范大学，2003年，第29页。

③ 涂序堂：《对当代大学生政治认知的现状调查与对策思考》，《江西教育学院学报》（社会科学版）2009年第2期。

为态度是一种无法直接观察的心理状况①。陈文俊则认为态度是一种习得的反应倾向②。Roskin 认为态度是一套持久性动机的、感情的、概括的、认知的组织，这套持久性组织使个人对于特定性目标的反应倾向一致③。R. M. Gagne 认为态度是指个体在环境中遇到人、事、物等各种情境时，他所采取的应对行为倾向④。P. Wesley Schultz ，Stuart Oskamp 主张态度含有认知性、情感性与行为三个不同的成分，唯有三者具备才能形成可观察及判断的态度反应⑤。总体说来，一般社会科学学者所使用的态度的概念，多半取自社会心理学对态度的界定，其中以 Allport 的定义最具代表性。Allport 认为态度是从经验中组织起来的一种心理和生理准备状态，它对个人在面对所有相关的对象与情境时的反应，具有指导性或动机性的影响⑥。

对于公众参与态度，不同的学者进行了不同的界定。

林火旺、张秀雄认为所谓公众参与态度是指公众对所处的社会政治环境，包括人物、制度、设施和对他们作为本身如何判断、看待，也就是一种公众德行。公众德行包含了公平待人、善意与机智以及对社会提供适当服从的一种义务与责任⑦⑧。

---

① 王锦雀：《台湾地区国中公民教师的政治行为与政治态度》，硕士学位论文，台湾师大公民训育研究所，1995，第 35 页。

② 陈文俊：《台湾地区中学生的政治态度与价值》，《台湾：理论与政策》1999 年第 3 期。

③ Roskin, *Political science: An introduction*. N. Y. : Englewood Cliffs, 1994.

④ R. M. Gagne, "Learning outcomes and their effects: Useful categories of human performance", American Psychologist. Vol. 39, Apr. , 1984.

⑤ P. Wesley Schultz , "Stuart Oskamp. Effort as a moderator of the attitude-behavior relationship: General environmental concern and recycling", Social Psychology Quarterly. Vol. 59, Apr. , 1996.

⑥ Allport, G. W, *Attitudes In C. Murchison (Ed) Handbook of Social Psychology*, Worcester, Mass: Clark University Press. 1935, p: 104.

⑦ 林火旺：《自由主义社会与公民道德》，《哲学与文化》1995 年第 12 期。

⑧ 张秀雄：《建构适合台湾社会的公民资格观》，《台湾：公民训育学报》1999 年第 8 期。

林嘉诚认为公众参与态度是对政治系统的认知、感情和行为倾向，不只是针对某一政治人物、政策或政治情景的态度①。

萧扬基认为公众对所处的社会政治环境（包括人物、制度、设施）和对他们作为公民本身如何判断、看待，就称之为公众参与态度。

郑慧兰认为，公民参与态度是指对于公民参与公共事务的认知、情感与行为倾向等所形成的一种有组织的信仰，以提供个人的心智结构，它是一种建构概念，只能由个人外显的参与行为中间接观察②。

综合国内外学者的观点，本书认为公众参与态度就是公众在其所处的特定社会政治环境中，对其所参与的公共事务和社会事务的一个判断、观点和看法。本书所采用的公众参与态度是操作性定义，仅限于问卷测量上所包含的范围，包括：对公共事务的态度，社会关怀的态度，社会责任的态度和关心时事的态度。被试在公众参与态度量表上得分越高，则表示其公众参与态度越积极。

二 公众参与态度的内容和维度

对于公众参与态度到底应该由几个维度来进行衡量，不同的学者根据特定的历史时代有不同的看法，有两因素说，三因素说，四因素，甚至多因素说。

John P. Robinson 在 20 世纪 70 年代综合分析有关政治态度所做的主要研究有：（1）意识形态：如保守主义与自由主义；（2）公民权利的各种原则：如自由权、受益权与平等权；（3）政府各项国内政策：如政府介入经济事务等；（4）国际事务，例如

---

① 林嘉诚：《政治心理形成与政治参与行为》，台湾商务印书馆 1989 年版，第64 页。

② 郑慧兰：《高中生公民参与态度与行为之研究——以台北市公立高中为例》，硕士学位论文，台湾师范大学，2001 年，第 51 页。

孤立政策、外交政策等；（5）社区政治：如地方政府；（6）政党认同或政治人物的信任评估；（7）政治过程：如政治能力感、公民责任感、政治功效意识等①。

Rosenbaum 则建构了较具体、可实证研究甚至量化的政治态度的定义，认为公众参与态度的变量应该包含：（1）政治认同；（2）政治信任；（3）对政府的态度；（4）体系规则；（5）政府效能；（6）政治参与；（7）输入与输出体系②。

林嘉诚认为公众参与态度应包含：（1）公民责任感：政治成员认为自己或他人应该参与政治的过程或履行国民义务，而不计较这些政治活动是否对其有利；（2）政治信任感：个人对政府官员与公共政策的信任态度；（3）政治功效意识：指个人主观自觉对政治过程的了解、影响力及相信政府对于人们需求有所反应与重视；（4）政治疏离感：个人对所处政治系统中的自我角色存有无力感、无意义感、无规范感、孤立感及自我疏离感，即恰与政治功效意识相反③。

洪泉湖认为公民政治参与应有的态度为八个因素：（1）公民意识；（2）理性自治；（3）主动积极；（4）合群性；（5）开放宽容；（6）公共精神：即对公共事务充满关心，对社会充满关怀，常愿以牺牲的精神，为民众解决公共问题；（7）法治精神：亦即知法守法；（8）其他：如追求平等精神、具有反省批判观念、具有乡土情怀和国际视野、具有未来观、具有责任感等等，也是现代公民的应有态度④。

---

① John P. Robinson, *Toward a More Appropriate Use of Guttman Scaling*, The Public Opinion Quarterly. Sep. , 1973.

② Rosenbaum, J. E.. *The stratification of socialization processes*. American Sociological Review. Vol. 40, 1975.

③ 林嘉诚：《政治心理形成与政治参与行为》，台湾商务印书馆 1989 年版，第 152 页。

④ 洪泉湖：《从政治学论公民教育的理论与实施》，台北师大书苑 1998 年版，第 211 页。

萧扬基认为公众参与态度包括：对公共事务的态度、社会关怀的态度、社会责任的态度和时事关心的态度四个因子。

曾欣仪等对高职和高中学生的政治态度关系之现状进行研究，将政治态度的内涵界定为：国家认同、政府认知与情感、政治效能感、政治信任感、公民责任感、民主态度、政治疏离感、公共事务态度等①。

翁志宗、陈育琪等人在探讨中学生政治参与态度的相关研究中，将政治态度的内涵界定为民主态度、公民责任感、政治功效意识、政治疏离感、政治信任感、国家认同感、种族意识等②③。

张雪君、傅晓芬在探讨小学生政治社会化成效的时候，将其公众参与态度的内涵确定为：政治参与倾向、政治信任感与国家认同、民主价值及民主态度等④⑤。

胡子祥以大学生为研究主题，认为公众参与态度应该是四因素，包括：社会事务参与态度、社会关怀态度、社会责任态度和关注时事态度⑥。

周义程、梁莹认为公众参与态度应该是两因素说，其将公众参与态度的因素界定为志愿参与态度和政治参与态度⑦。

以上关于公众参与态度的内容维度说明了目前的研究还存在

① 曾欣仪：《台北市公立高中学生政治态度与班级气氛之相关研究》，硕士学位论文，国立师范大学，2000年，第213页。

② 翁志宗：《台湾地区国中学生政治社会化之研究》，《台湾中等教育学报》1998年第5期。

③ 陈育琪：《我国国中学生政治态度之研究——以台南县为例》，硕士学位论文，台湾师范大学，2006年，第152页。

④ 张雪君：《国小学生政治社会化成效之研究》，硕士学位论文，台中师范学院，1995年，第131页。

⑤ 傅晓芬：《台湾地区国小学童政治社会化之研究：家庭与学童的政治学习》，博士学位论文，台湾中山大学政治学研究所，2002年，第225页。

⑥ 胡子祥：《当代大学生社会参与行为的实证研究》，《中国青年研究》2006年第10期。

⑦ 周义程、梁莹：《公民参与态度与公民法治意识之成长》，《社会科学》2009年10期。

两个问题：一是到底公众参与是由几个维度构成的，学术界还没有达成共识；二是对于公众参与态度到底由几个维度构成，目前大多数从文献梳理和理论分析的角度。而运用实证的方法，提取其到底由几个因子构成，更加客观地分析公众参与由几个维度构成目前还非常少见。因此本书旨在前人研究的基础之上，力争克服以上两个不足，更加丰富公众参与态度的相关研究。

由于萧扬基的公众参与态度的维度构建受到最大范围的认同，具有较高的信度和效度，本书的公众参与态度以萧扬基的理论为基本假设。借鉴前人的研究成果，本书依照萧扬基对公众参与态度的分类，根据成都市城镇居民的实际情况，对公众参与态度分量表的内涵界定如下：

公共事务态度：即具有参与公共事务的基本认知、情感与行为倾向，包括：尊重他人、容忍异己、主动参与公共事务、支持民主生活方式等。

社会关怀态度：即具有关怀社会，视公民本身为社会的一分子的基本认知，情感与行为倾向，包括：重视人权、对弱势群体的关注、尊重差异、主动关怀、公共服务等。

社会责任态度：即具有将参与公共事务视为公民的责任的认知，情感与行为倾向，包括：纳税、守法、参与、公民责任感等。

关心时事态度：即具有关心时事的基本认知、情感与行为倾向，包括：自我反省的能力、公开讨论时政与理性对话、关心时事等。

三　公众参与态度的相关研究

因为公众参与态度在整个公众参与过程中起到非常重要的作用，因此国内外很多学者都对公众参与态度进行了相关研究，本书就作者及年代，研究变量、研究方法、研究对象、研究结果与发现做了整理归纳，以更好地了解影响公众参与态度的影响因素，如表 2 - 1 所示：

表 2 - 1　　　　　　　　公众参与态度文献分析

作者及年代	研究变量	研究方法	研究对象	研究结果与发现
Cruickshank (1973)	政治知识、政治态度	问卷调查	美国四地区三到八年级儿童	1. 在政治知识方面，不同年级、地区其政治知识有差异；2. 在政治态度方面，不同年龄、年级、性别、地区均无显著差异。
Sanstead (1974)	公众参与态度	问卷调查	高中生	1. 不同性别，公众参与态度有显著差异；2. 政治功效感与公众参与认知并无显著相关。
Milbrath & Goel (1977)	公众参与态度、公众参与行为	问卷调查	公众	1. 男性高于女性；2. 城市高于乡村；3. 民主态度、政治功效意识、公民责任感越高，参与程度越高；4. 政治疏离感越高，参与程度越低。
陈忠庆 (1980)	公众参与态度	问卷调查	大学生	大学生性别、籍贯、参与社团程度、年级、就读学院与政治态度有显著相关。
陈文俊 (1983)	公众参与态度、政治社会化	问卷调查	中学生	1. 中学生的态度类型以忠诚 - 公民型最多；冷漠 - 臣属型次之；2. 家庭、学校、社会团体、大众传媒对中学生的政治态度都有影响。
林嘉诚 (1989)	公众参与态度、公众参与行为	问卷调查	公众	1. 教育程度越高，则选举参与行为与公众参与行为程度越高；2. 男性的公众参与行为比女性的公众参与行为高；3. 外省籍贯和社会阶层越高的其选举行为和平时的公众参与行为越高。
廖添富 (1993)	政治功效意识、公众参与态度	问卷调查	中学生	住市区、女生、高年级、家长教育程度较高者，政治意见表达与参与态度较强。

作者及年代	研究变量	研究方法	研究对象	研究结果与发现
王锦雀 (1995)	公众参与态度、公众参与行为	问卷调查	中学老师	1. 公众参与态度与公众参与行为成正相关关系；2. 政治功效意识、公民责任感对公众参与行为具有预测力。
汪树华 (1995)	公众参与态度、公众参与行为	访谈法	美籍华人	1. 美国华人公众参与频率依序是政治消息行为、与政府接触行为、选举参与行为、政党参与行为、游说行为；2. 籍贯对公众参与无显著影响。
Glennie (1997)	性别、政治资源、公众参与	问卷调查	公众	1. 拥有政治资源多者其公众参与较为积极；2. 女性比男性的公众参与更为积极。
翁志宗 (1998)	公众参与态度	问卷调查	高中生	1. 不同籍贯的学生公众参与态度有明显差异，而不同性别、年级、家庭社会经济地位、学校所在地则无显著差异；2. 班级气氛、班级人际关系、班级组织运作形式、班级学习状况与公众参与态度均呈现正相关。
杨智贤 (2000)	公众参与态度	问卷调查	高中生	1. 不同性别的高中生其公众参与态度并无显著差异；2. 不同年级和家庭沟通形态的高中生其公众参与态度有显著差异。
Chen (2001)	政治信任、政治态度	问卷调查	台湾选民	台湾民众政治信任在1992年和1998年期间下降，但在2000年总统选举之后重新提升。对国民党的支持者而言，有小学教育程度以上者有较高的政治信任，但对民进党和新党的支持者来说，则可能有较低的政治信任。2000年台湾地区领导人选举后，民众与民进党支持者共同实现他们政治期望，并且变得更相信政府当局。

续表

作者及年代	研究变量	研究方法	研究对象	研究结果与发现
陈现义 (2002)	政治知识、公众参与态度	问卷调查	小学生	1. 不同性别、地区、父母教育程度、管教方式、班级干部经验的学生，政治知识有差异；2. 不同性别、年级、地区、父母教育程度、班级干部经验、父母管教方式的学生，公众参与态度有显著差异；3. 政治知识与公众参与态度呈显著正相关。
陈怡伶 (2003)	自我概念、公众参与态度	问卷调查	高职、高中学生	1. 不同性别和年级的高职学生其公众参与态度有显著差异；2. 高中学生和高职学生其公众参与态度有显著差异，高中学生的公众参与态度明显高于高职学生；3. 高中、高职学生的自我概念与公众参与态度呈显著正相关。
张智全 (2003)	公众参与态度、公众参与行为	问卷调查	高中教师	1. 不同任职年限的教师其公众参与态度有显著差异；2. 不同年龄、任教科目、地区的教师其公众参与行为有显著差异。
Saucier& Cawman (2004)	同性恋、公众参与态度、投票行为	问卷调查	美国佛蒙特市居民	市民协会在选举过程中是许多投票者的主要操纵机构；偏见可能是在确定投票者选择在政府代表他们过程中的一个主要原因。
施政仁 (2004)	政治效能感、公众参与	质化研究	台湾民众	1. 在内在效能感方面，性别、教育程度、政党认同以及媒体报道皆为显著的影响因素。在外在效能感方面，显著影响因素则包括了年龄、籍贯、教育程度、政治知识、施政评价、政党认同以及媒体报道等；2. 内在效能感而外在效能低者，参与最为踊跃。除了竞选活动外，此类型民众还会参与示威抗议活动。

作者及年代	研究变量	研究方法	研究对象	研究结果与发现
陈育琪 （2006）	公众参与态度	问卷调查	高中生	1. 国家认同感与公众参与倾向呈显著正相关；2. 政治信任感与政治功效意识、公众参与倾向呈显著正相关；3. 政治功效意识与公众参与倾向、民主素养呈显著正相关；4. 民主素养与政治功效意识、公众参与倾向呈显著正相关。
Unger （2007）	宗教意识、公众参与态度	问卷调查	最近三次美国总统当选者的人格特质	宗教思想意识和公众参与态度直接的关系是互为相关的。
周义程、梁莹 （2009）	公民参与态度、公民法治意识	问卷调查	公民	公民参与态度与公民法治意识呈明显正相关。
朱海冰、张侨 （2011）	对民族地区旅游事务的参与认知、态度、行为研究	问卷调查	海南黎苗族	1. 教育程度对其公众参与有显著影响；2. 所有的人口因素对其公众参与的行为都有显著影响；3. 参与的认知对态度和行为有显著影响。

资料来源：根据相关文献整理。

综上所述，我们通过整理发现：

1. 公众参与态度是整个公众参与过程中非常重要的变量，在认知、态度、行为整个参与过程中到底处于什么样的作用，目前的研究还没有涉猎。

2. 公众参与态度与个人基本属性和大众传媒之间到底是什么关系，不同的学者的论证结果还不尽一致，还需要进一步验证。

3. 心理资本对公众参与态度有没有影响，目前还没有人研究。

第四节 公众参与行为研究

一 公众参与行为的界定

对于公众参与行为，很多学者直接将公众参与和公众参与行为两个概念等同起来。实际上公众参与的内涵比公众参与行为更为宽广，学术界也有部分学者，其研究的重要变量里有公众参与行为一词，因此对公众参与行为进行了专项的名词界定。

萧扬基认为公众参与行为是指社会成员以行动来体现其作为公民的本质。

郑慧兰、张智全认为公众参与行为是指公众在参与公共事务上的实际行为表现[1][2]。

游欣仪认为公众参与行为是指公民意识的落实与实践，主要涉及参与社会生活和政治活动的行为，简言之，公众参与就是公众在参与公共事务上的实际表现行为[3]。

陈振明、李东云认为公众参与行为研究应该关注实际行为，而不包括政治心理 、态度 、认知和知识等主观因素[4]。

吴佳翰认为公众参与行为是公众通过各种办法，直接或间接介入公共事务中，其目的是满足自我心理、物质的需求，或尝试影响政府决策以促成自我或团体目标的达成[5]。

本书同意郑慧兰和张智全的观点，认为公众参与的行为就是

---

[1] 郑慧兰：《高中生公民参与态度与行为之研究——以台北市公立高中为例》，硕士学位论文，台湾师范大学，2001 年，第 49 页。

[2] 张智全：《桃园地区国中教师政治态度与政治参与行为之研究》，硕士学位论文，台湾师范大学，2003 年，第 63 页。

[3] 游欣仪：《台北市社区大学学员公民意识、公民参与行为及其影响因素之研究》，硕士学位论文，台湾中山大学，2004 年，第 53 页。

[4] 陈振明、李东云：《 "政治参与" 概念辨析》，《东南学术》2008 年第 10 期。

[5] 吴佳翰：《高雄市国小教师政治态度与政治参与之研究》，硕士学位论文，台湾屏东教育大学，2009 年，第 63 页。

公众在公共事务和社会事务中的实际行为表现。文章所采用的公众参与行为是采用的操作性定义，仅限于问卷测量上所包含的范围，包括：对社会参与行为和政治参与行为。被试在公众参与认知量表上得分越高，则表示其公众参与行为偏高度参与，反之则偏低度参与。

二 公众参与行为的内容和维度

对于公众参与行为的内容和维度的探讨，不同的学者有不同的见解。

在公众参与行为方面，Verba，Nie 和 Kim 将政治参与行为的参与活动分为：（1）投票（voting）：这是公众最常参与的活动；（2）竞选活动（campaign activity）：和投票一样都是一个选举的过程，但通过竞选活动，公众能增强其影响力；（3）公共性活动（communal activity）：此活动包括两种类型的活动，一是个人与政府官员为一些一般性的社会议题进行接触，二是合作性的无党派活动，涉及团体或者组织企图去处理某些社会议题；（4）特殊的接触（particularized contacts）：公民个人或其少数的家庭成员在某一特殊的问题上与政府官员的接触①。

Christy 在研究 14 个国家公众参与的行为差异时，将公众参与行为的类型分为：（1）选举活动 electoral activity）：包括投票和各种竞选活动；（2）信息交流活动（communications activities）：如政治传播媒介或讨论政治话题；（3）非惯常性政治参与（unconventional political participation）：如请愿、联合抵制、合法的示威、非法罢工、或暴力对抗等；（4）公共性活动（communal activity）：即参与当地社区事务；（5）接触性活动

①　Verba, Sidney, Nie, Norman H. & Kim, Jae-on. *Participation and political equality*, Chicago: The University of Chicago Press, 1987.

（contacting activity）：因个人或政治因素与政府官员接触①。

亨廷顿和纳尔逊在公众参与行为的研究方面得出了以下几个研究结论：（1）政治参与是一种实际行动而不是一种态度或者心理。因此，客观的政治活动和主观的心理是两个完全不同的变量，对他们的研究也理应采用不同的方法。（2）亨廷顿和纳尔逊只定义了政治系统既定准则是否合法的活动，并没有区分参与活动是否合法。（3）政治参与仅指试图影响政府决策的活动。因为政府拥有对社会价值权威性分配的最终决定权，而社会团体并不具备这一合法性权利，所以尽管社会团体也属于通常意义上西方的政治概念，却并不属于政治参与的范畴。（4）政治参与包括受他人影响所产生的参与行动和参与者自发产生的参与活动两类行为。（5）政治参与并不看重这些活动能否产生实际效果，只在意他是否是在试图影响政府的活动②。

林嘉诚则将公众参与行为分为竞选行为与一般性公众参与行为。竞选行为包括三种：（1）历年投票行为：即在历次选举时参与投票的频率；（2）历年投票方向；（3）历年选举参与行为：即投票行为外的选举行为，如与他人讨论选情、阅读选情报道、聆听各种政见发表会等。一般性政治参与行为则包括：（1）政治消息传播行为：又可细分为与家人谈论政治性话题、与朋友或同事谈论政治性话题、阅读政治性杂志、阅读报纸上有关政治性的消息；（2）与官员接触行为：包括向政府相关机构提出请愿或者诉愿、与政府官员谈论私人事务、与政府官员谈论公众事务，请民意代表代办事务；（3）参与政党行为③。

---

① Christy, C. A. *Sex differences in political participation*, N. Y.：Praeger, 1987.
② ［美］塞缪尔·P. 亨廷顿：《变化社会中的政治秩序》，李盛平、杨玉生等译，华夏出版社 1988 年版，第 179 页。
③ 林嘉诚：《政治心理形成与政治参与行为》，台湾商务印书馆 1989 年版，第 81 页。

公民参与行为方面，洪泉湖认为现代公民应具备的技能有：（1）获取、评估、应用政治讯息的能力；即从各种渠道（如电视、报纸、期刊、政见发布会等）获得充分的政治信息，并有判断真伪与适当运用的能力；（2）表达自我的能力；（3）理性自治的能力；（4）如何维护和行使自身权益的能力；（5）有效参与公共事务的能力；（6）独立思辨的能力；（7）议事能力：能熟悉议事规则，善用议事技巧，甚至能够进行会议的主持；（8）沟通协调的能力：拥有良好的沟通技巧以解决公共问题①。

王家英针对香港市民的公民参与行为进行观察，将其分为三部分，一是对时事的关心，二是对社会义务工作的参与，三是对政治的参与。其中，关心时事被视为公民参与行为是因为观察和了解事实的发展，本身就是一种行动，而这种行动也是公民作出政治目标行动的重要参考和依据②。

萧扬基在研究高中生的国家认同与公民意识时，将公民参与行为分为：（1）收集信息的能力；（2）社团活动的参与；（3）社会义务工作的参与；（4）政治性活动的参与四个方面。

胡子祥在对大学生社会参与行为进行研究时，认为参与行为应该包括："信息沟通""校园活动参与""社会活动参与""意见表达""参加组织""参加会议"6个维度③。

本书在吸收前人研究成果的基础上，采取探索性因子和验证性因子相结合的方法，运用定量的方法得出公众参与行为到底由几个维度构成，从而为尚未形成定论的公众参与行为的因子划分贡献绵薄之力。

---

① 洪泉湖：《从政治学论公民教育的理论与实施》，台北师大书苑1998年版，第47页。

② 王家英：《从台湾政治到两岸关系》，香港海峡两岸关系研究中心1999年版，第65页。

③ 胡子祥：《当代大学生社会参与行为的实证研究》，《中国青年研究》2006年10期。

第五节 心理资本研究

自心理资本这一概念提出以来，学者们就在心理学领域和企业管理领域多次证明，该变量与人的认知、态度和行为有紧密的联系，因此本书在进行公众参与的认知、态度和行为的关系研究时，在众多影响变量中优先选择和考虑这一影响公众参与过程最为重要的变量。

一 心理资本的界定

心理资本在其他领域深入研究和广泛关注之后，被心理学家 Seligman 教授所关注，将其引入心理学领域中，到了 2004 年，Luthans 把心理资本延伸到组织管理的领域，促进了研究者的广泛研究和关注。研究者普遍认为该理论虽然以人力资本和社会资本为基础，但却远远超越了这两个理论，详见图 2 - 2。

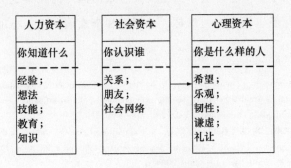

图 2 - 2 资本理论的研究过程

资料来源：Luthans, F., et al.. The role that positive psychological capital may play in Chinese workers' performance. University of Nebraska, Lincoln, NE, Working paper, 2004.

心理资本概念自从提出之后，国内外学者都表示了极大的关注，也做了很多关于其理论的介绍和实证的研究。但由于心理资本还是个新兴学科，由于研究视角的不同，学者们对心理资本内涵的界定有所不同。

Hosen 等认为，心理资本是个体通过学习等方式所习得的相对稳定、持久的一种内在的心理基础构架。他认为，心理资本应该包括有效的情绪交流、认知能力、自我监控、个性品质和倾向等方面的内容[①]。Avolio 等指出，心理资本对工作绩效和满意度都有很大的作用。他认为积极归因、乐观、希望、自我效能、韧性（复原力）等都应该属于积极心理状态的范畴[②]。Luthans 等认为心理资本就是个体一般积极性的核心心理要素[③]。Cole 年提出心理资本是一种人格特质，他会影响个体行为和产出[④]。Luthans、Youssef 和 Avolio 的进一步研究，修正了原来对心理资本的定义，将其重点放到个体的积极心理发展状态上，并认为心理资本涵盖为自我效能感、乐观、希望和回复力四个方面[⑤]。

国内学者对心理资本的定义大多采用国外的经典定义再结合中国实际予以界定。柯江林、孙健敏和李永瑞认为，心理资本应

---

① Hosen, R., Solovey-Hosen, D. & Stern, L.. "Education and capital development: Capital as durable personal, social, economic and political influences on the happiness of individuals". Education, Vol. 123, March 2003.

② Avolio, B. J., Gardner, W L, & Walumbwa, F. O.. "Unlocking the mask: A look at the process by which authentic leaders impact follower attitudes and behaviors". Leadership Quarterly. Vol. 15, June 2004.

③ Luthans F, Avolio B. J, Fred O. Walumbwa and Weixing Li. "The Psychological Capital of Chinese Workers: Exploring the Relationship with Performance", Management and Organization Review, 2005.

④ Kenneth Cole. Wellbeing, "Psychological Capital, and Unemployment: An Integrated Theor", joint annual conference of the International Association for Research in Economic Psychology (IAREP) and the Society for the Advancement of Behavioural Economics (SABE), 2006.

⑤ Luthans, F., Youssef, C. M. &Avolio, B. J.. Psychological capital: Developing the human competitive edge. Oxford UK: Oxford University Press, 2007.

该包括事务型心理资本和人际型心理资本两个重要因素①。贾燕燕认为心理资本是在个人成长和发展中表现为一种积极的心理状态，能够促进个人成长和绩效的提升②。高英认为心理资本在本质上是一种积极心理状态，在个体的成长和发展过程中均有表现③。

综合国内国外学者的研究，现有的对于心理资本的含义界定将其分为特质论、状态论和综合论三种取向。特质（Trait）论的核心观点是认为心理资本是先天和后天共同作用下的人格特质。代表人物是 Hosen、Letcher 和 Cole。状态论的主要观点认为心理资本是个体对待事物的一种状态，这种状态会对工作绩效、任务等产生积极作用。代表人物是 Luthans、Tettegah、Goldsmith 和 Avoli。第三种观点是综合论。综合论学派的观点是将前两种观点结合起来，认为心理资本是特质论和状态论的一种综合。该观点的核心就是认为心理资本既是一种状态也是一种特质，因为其代表人物 Avolio 的观点获得了大量的研究的支持，因此，综合论的观点被越来越多的人所认可。综合论的代表人物是 Avolio、Bandura、SnyderMasten。

二　心理资本的内容和维度

学者们在对心理资本概念的本质进行争论的同时，也对其构成维度和测量展开了广泛的研究。尽管学界对于心理资本的构成和测量尚存在争议，但对于心理资本是一个多维结构却普遍认同。对心理资本的构成维度比较典型的观点有两因素说、三因素

①　柯江林、孙健敏、李永瑞：《心理资本：本土量表的开发及中西比较》，《心理学报》2009 年第 9 期。

②　贾燕燕：《工作特征与员工心理资本、工作绩效的实证研究》，硕士学位论文，华东师范大学，2010 年，第 16 页。

③　高英：《心理资本对知识型员工工作绩效影响的实证研究》，博士学位论文，辽宁大学，2011 年，第 87 页。

说、四因素说和五因素说。

两因素说。两因素论者认为心理资本的因素应该由两个因素构成，即控制点（locus of control）和自尊（self-esteem）。代表人物是 Goldsmith、Veum 和 Darity。

三因素说。三因素的支持者认为心理资本的维度应该包括：乐观、复原力和自我效能感。其代表人物是 Larson。

四因素说。持四因素观点的学者认为，心理资本应该由四个因素构成。如 Judge 等研究认为心理资本主要由四点构成：自我效能感、控制点、情绪稳定性和自尊①。而 Jensen 研究认为应包括希望状态、乐观状态、自我效能感和复原力②。Luthans 等则从更全面的考量上提出，心理资本包括现实性乐观（乐观）、希望、复原力（韧性）和自我效能感（自信）四个因素，并针对这四个因素开发了问卷 PCQ - 24 来进行测量③。测量效果良好，因此这一观点和测量方式被更多学者所认同。

五因素说。五因素的代表人物是 Letcher 和 Pager o Letcher 用大五人格评价量表对心理资本进行测量，认为心理资本包括情绪宜人性、外向性、责任感、开放性和稳定性。Pager 等认为心理资本包括诚信、乐观、希望、自我效能感和复原力五个因素④。

以上这些学者不仅将心理资本应该由几个因素构成进行了研

---

① Judge TA, Bono JE. "Relationship of core self-evaluation traits—self-esteem, generalized self efficacy, locus of control, and emotional stability—with job-satisfaction and performance: A meta-analysis", Journal of Applied Psychology. Vol. 86, 2001.

② Jensen. "Entrepreneurs as leaders: Impact of psychological capital and perceptions of authenticity on venture performance", United States - Nebraska, The University of Nebraska - Lincoln. 2003.

③ Luthans, F., Youssef, C. M. &Avolio, B. J.. *Psychological capital: Developing the human competitive edge.* Oxford UK: Oxford University Press, 2007.

④ Pager, LF, and Bonohue, R. "Postive psychological capital: A preliminary exploration of the construct", Working Paper of department of Monash University, 2004.

究，并根据各自的研究都开发了量表进行测量。现将心理资本的
结构和测量系统总结如表 2-2 所示：

表 2-2　　　　　　　　　　　心理资本的结构和测量

研究者及年份	结构要素
Goldsmith 等（1997）	控制点、自尊
Judge 等（2001）， Cole（2006）	自尊、自我效能感、控制点和情绪稳定性
Jensen（2003）	乐观状态、希望状态、自我效能感、复原力
Letcher（2004）	责任感、外向性、情绪稳定性、宜人性、开放性
Page（2004）	诚信、希望、乐观、复原力、自我效能感（自信）、
Larson（2004）	乐观、复原力和自我效能感
Luthans 等 （2005，2007）	自我效能感、乐观、希望、坚韧
Luthans 等（2006）	坚韧、乐观、希望
Avey 等（2006）	乐观、希望、坚韧、自我效能感
Jensen 等（2006）	乐观、希望、坚韧
曹鸣崎（2006）	乐观、希望、主观幸福感、智力、情绪、韧性、公民 组织行为
蒋建武、赵署明（2007）	乐观、希望、信心、坚韧
冯江平、孙乐芩（2009）	信任、灵活、上进、宽容、坚毅、适应、
田喜洲（2009）	乐观、自信、希望、积极能力、坚韧
张红芳、吴威、杨畅宇 （2009），牛黎（2009）	群体层面心理资本、个体层面心理资本
柯江林、孙健敏等 （2009）	人际型心理资本、事务性心理资本
惠青山（2009）	乐观、自信、冷静、希望
张墨（2009）	乐观、自信、坚韧性、融洽的人际关系、外控和内控
贾燕燕（2010）	乐观、坚韧、希望、自我效能感
王哲（2010）	
吴炯（2010）等	
窦海燕（2011）	乐观、责任心、团结合作、希望、自信和韧性

资料来源：根据相关文献整理。

在众多学者对心理资本的测量中，因为 Luthans 等人维度的
划分方法科学，所开发问卷的信度和效度也反复被学者们所检
验，是目前测量心理资本中认同度最高的量表，因此本书也采用
PCQ-24 量表为基础。

第三章　城镇居民公众参与理论模型构建及研究假设的形成

　　本章在文献综述的分析结论基础上，得出了全文的理论模型。通过对既有研究的分析整理，提出本书的研究假设，并逐个分析公众参与态度的结构维度，大众传媒与公众参与态度的关系模型，个人基本属性与公众参与态度的关系模型，公众参与认知、态度与行为的关系模型，心理资本与公众参与认知、态度、行为的关系模型，并且探讨了模型中所有变量的测量方法和量表的选择。

第一节　整体研究框架

　　本书根据各变量之间关系的假设拟定各变量关系，并根据各变量之间可能产生的关系拟定了全书的框架，全书整体思路和框架如图 3 - 1 所示。

第二节　研究假设

一　公众参与态度的结构维度的假设

　　如本书第二章第二节所述，国内外对于公众参与态度的结构维度并没有达成共识，关于其到底是两维度、三维度、四维度还

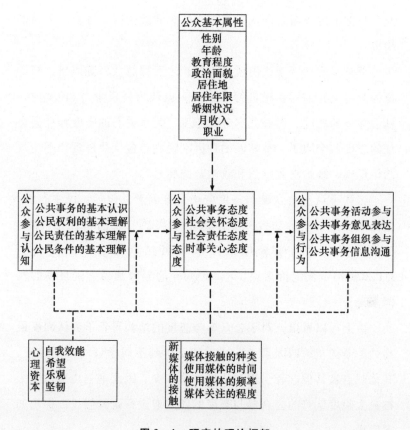

图 3 - 1　研究的理论框架

是多维度，不同的政治、社会和文化背景其公众参与态度的构成完全不一样，因此不同的学者对于公众参与态度结构维度有不同的看法，争论较大。

两因素的代表人物是周义程、梁莹，他们认为公众参与态度应该由自愿参与态度和政治参与态度两因素构成[①]。

三因素的代表人物是林嘉诚等借由心理学家 G. W. Allport 对态度这个概念的界定，来界定公众参与态度的结构维度，认为公

---

① 周义程、梁莹：《公民参与态度与公民法治意识之成长》，《社会科学》2009年第 10 期。

众参与态度应该由政治认知、政治情感和政治行为倾向三个因素构成①。

萧扬基是四因素说的代表人物，之后郑慧兰、陈南州、胡子祥等学者又对四因素说进行了论证，也认为公众参与态度包括：社会关怀的态度、对公共事务的态度、时事关心的态度和社会责任的态度四个因子。林嘉诚的四因素说则是包含公民责任感、政治信任感、政治功效意识和政治疏离感②。

张智全认为公众参与态度应该是五因素，包括：民主态度、公民责任感、政治功效意识、政治疏离感、政治信任感③。其他的多因素说的学者包括在本书第二章第二节所提到的 J. P. Robinson 的七因素说、Rosenbaum 的七因素说、洪泉湖的八因素说等。

由上可以看出，对于公众参与态度的结构得到学者认同度最高的是萧扬基的四因素说，这一观点得到不同学者的不同论证，其他观点被其他学者引用和认可的非常少。因此本书也采用这个被最大限度认可的公众参与态度的四因素进行研究假设。提出如下假说：

H1：公众参与态度是四维结构。

但是以往的研究，包括萧扬基的四因素的提出都没有经过严密的实证分析，仅是根据大量文献和经验分析或者定性分析提出的。另外，萧扬基提出的这四因素说的研究对象是台湾民众，台湾的政治环境和体制与大陆有显著的不同，这四因素是否能完全适合大陆民众，能否有较高的信度和效度确保问卷的质量，都需

---

① Allport, G. W. "Attitudes". In C. Murchison (Ed) *Handbook of Social Psychology*, Worcester, Mass: Clark University Press, 1935.

② 林嘉诚：《政治心理形成与政治参与行为》，台湾商务印书馆1989年版，第241页。

③ 张智全：《桃园地区国中教师政治态度与政治参与行为之研究》，硕士学位论文，台湾师范大学，2003年，第53页。

要实证的研究来进行验证。本书将采用焦点访谈等定性研究方法，结合探索性因子分析和验证性因子分析最后验证该假说。

二　大众传媒与公众参与态度的关系假设

对于一般大众而言，广播、电视、报纸、杂志、网络等媒体对公共事务和社会事务的报道与评论，使得公众在最短的时间内获得了对公共事务和社会事务的丰富信息与概念，并逐渐影响了他们对公共事务和社会事务的认知、态度与价值观。正因为大众传媒是影响公众参与态度的重要变量，因此在 1970 年以后，学者们开始重视大众传媒对公众参与态度的影响。McNelly & Fonseca 研究发现大学生对媒体的接触与其政治认知和参与呈正相关。蔡性国研究发现大众传媒将加强公众参与态度，并可能促成行动，同时大众传媒对于公众参与的知识、兴趣和行为也有影响[①]。学者们大量的研究都表明大众传媒对公众参与态度有影响，据此，本书提出如下假说：

H2：公众参与态度在媒体种类，接触时间，接触频率，接受程度和关注程度的大众传媒方面存在差异。

Steven H. Chaffee 指出，一个人参与公共事务的程度和此人使用大众传媒的类别有关。使用印刷性大众传媒（如：报纸、杂志和书籍）与公共事务的参与相关性会高于使用电子大众传媒（如电视和广播）者[②]。Shah 等人研究表明不同种类的媒体产生的效果不同。Elliott & Rosenberg、McDondald、Miller & Reese 等人研究表明电视和报纸对公众参与态度的影响程度最大。李春梅研究表明公众参与态度与报纸和电视有显著差异，而与网络无

---

① 蔡性国：《国民小学校长转型领导行为与学校公共关系之研究》，硕士学位论文，台湾嘉义大学国民教育研究所，2006 年，第 127 页。

② Steven H. Chaffee, "Mass Media Effects: New Research Approaches". *Communication Research*, Feb., 1977, pp. 211 - 241.

显著差异①。陈怀林、张荣显、林玉凤和王旭发现电视和报纸对澳门公众的参与态度影响最大。据此提出如下假说：

H2a：媒体种类不同，公众参与态度存在差异。

陈义彦、陈芳萍指出在媒体接触的时间长短上，与其公众参与态度可能是较无相关性的②。陈文俊认为虽然公众接触媒体的时间长短对其参与态度有影响，但其影响力非常小③。田秀萍认为阅读报纸时间越长，公众参与态度有较高倾向④。李春梅针对成都市城镇居民进行调研，发现媒体接触时间长短与公众参与态度有显著差异。王惠民认为公众参与态度与接触网络时间长短显著相关⑤。据此提出如下假说：

H2b：接触传媒的时长不同，公众参与态度存在差异。

张士政研究表明公众接触电视和报纸的频率越高，则其政治知识越高，但在广播和杂志上这一结论没有获得支持⑥。蔡顺洁指出，接触媒体频率越高，其公众参与态度越积极⑦。根据已有学者的研究均发现接触媒体的频率不同，其公众参与态度存在差异，据此提出如下假说：

H2c：接触传媒频率不同，公众参与态度存在差异。

周丽娟的研究发现媒体接受程度越高，其公众参与态度越

---

① 李春梅：《城镇居民公众参与态度研究——以成都市为例》，硕士学位论文，西南交通大学，2005 年，第 59 页。

② 陈义彦：《台湾地区大学生政治社会化之研究》，台北嘉新水泥文化基金会 1978 年版，第 95 页。

③ 陈文俊：《中学生的政治态度及其形成因素》，台北咨询教育推广基金会 1983 年版，第 131 页。

④ 田秀萍：《接触大众媒介行为与政治社会化关联性之研究——以政大学生政治容忍度为例》，博士学位论文，台湾政治大学新闻研究所，1987 年，第 212 页。

⑤ 王惠民：《台湾地区电视涵化效果之研究——以大学生民主价值取向为例》，硕士学位论文，台湾政治大学，1992 年，第 86 页。

⑥ 张士政：《南投县民众接触媒介动机、行为与政治社会化之关联性研究》，硕士学位论文，台湾中国文化大学，1999 年，第 90 页。

⑦ 蔡顺洁：《阅听人之人格特质、收听行为，收听动机与收听满足之关联性研究》，《台湾复兴岗学报》2007 年第 90 期。

积极①。施宜君指出媒体内容接受程度与政治信任效能感呈正相关②。据此，提出如下假说：

H2d：对媒体的接受程度不同，公众参与态度存在差异。

彭芸研究表明公众对媒体接受度越高，其政治信任感越强，参与态度越积极③。施宜君发现媒体关注度与政治信任效能、政治疏离感、公民责任感有关系。据此，提出如下假说：

H2e：对媒体的关注程度不同，公众参与态度存在差异。

根据文献回顾和上述假说，可得出大众传媒对公众参与态度的关系模型如图3－2所示：

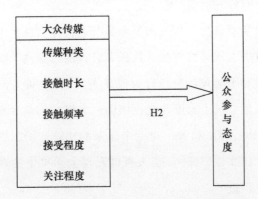

图3－2　大众传媒与公众参与态度关系模型

三　个人基本属性与公众参与态度关系及研究假设

个人基本属性指人口学的特征，如性别、年龄、教育程度、职业、婚姻状况、收入、政治面貌等。个人属性的不同，其公众参与的态度会呈现出不同，这已经是学界的一个共识，但是具体

---

① 周丽娟：《阅听人政治参与对电视新闻可信度影响之研究》，硕士学位论文，台湾佛光大学，2005年，第47页。

② 施宜君：《高屏地区国小教师传播媒体阅听行为与政治态度之研究》，硕士学位论文，台湾屏东教育大学，2007年，第37页。

③ 彭芸：《媒体负责人对选举期间媒体可信度的评估》，《新闻学研究》2003年第44期。

到每一个人口学特征，不同的学者因其研究对象的不同，得出的结论迥然不同。据此，本书提出如下假说：

H3：公众参与态度在性别、年龄、教育程度、职业、婚姻状况、收入情况、居住时间和政治面貌的个人属性方面存在差异。

（一）性别

国内外学者对于性别的不同是否会导致公众参与态度存在差异的研究比较充分，然后其研究对象的不同，或者研究工具的不同，得出的结论也是截然不同的，但是大多数研究结果都显示公众参与态度与性别有关。

一部分学者认为，男性的公众参与态度比女性更为积极。林嘉诚的研究中发现男性对政策信任和公民能力感高于女性，且选举参与行为和平时政治参与行为也高于女性[1]。黄秀端认为，男性在政治兴趣、民主态度与党派倾向三方面的公众参与态度高于女性[2]。Verba、Nie 和 Kim 对七个国家的比较分析，男性在公众参与态度上比女性积极[3]，苗天惠也发现大学男生的政治参与态度比女性更积极[4]。

一部分学者认为，女性的公众参与态度比男性更积极。萧扬基、郑慧兰的研究中，均以高中生为研究对象，得出了同样的研究结论，认为女生的公众参与态度高于男生[5]。廖添富、刘美

---

① 林嘉诚：《政治心理形成与政治参与行为》，台湾商务印书馆 1989 年版，第 127 页。

② 黄秀端：《台湾政治文化变迁与政治民主化》，台湾的民主化：回顾、检讨及展望研讨会论文，台北，1996 年，第 65 页。

③ Verba, Sidney, Nie, Norman H. & Kim, Jae-on. *Participation and Political Equality*. Chicago: The University of Chicago Press. 1987.

④ 苗天惠：《台湾地区大学女学生政治定向与行为模式之研究》，硕士学位论文，台湾政治大学，1991 年，第 51 页。

⑤ 郑慧兰：《高中生公民参与态度与行为之研究——以台北市公立高中为例》，硕士学位论文，台湾师范大学，2001 年，第 60 页。

慧、董秀兰等人以师范院校的学生为研究对象，发现女生的公众参与态度比男生更为积极①。王志娴、陈穆莹也发现不同性别的人在民主态度的得分上有显著差异，女性的民主态度较男性积极正向②。

此外，还有些学者研究发现性别在公众参与态度上并无显著差异。Baik以韩国5—11年级的学生为研究对象，发现性别在公众参与态度上并无显著差异③。张明垣、王锦雀针对台湾高中生和大学生进行研究，发现性别与公众参与态度并无显著差异④。夏诚华对旅美华人、留学生的研究显示，不同性别在公众参与态度上无显著差异⑤。李春梅以成都市城镇居民为研究对象亦发现，不同性别在公众参与态度上并无显著差异。

综上所述，性别对公众参与态度是否有显著差异尚无定论，有待本书加以讨论，本书根据以上学者的研究，提出如下假说：

H3a：性别不同，公众参与态度存在差异。

（二）年龄

大部分的研究显示，不同年龄的公众其参与态度是不同的。江炳伦发现30—40岁的人政治效能感最高⑥。林嘉诚的研究发现，年龄越大其公众参与态度越积极⑦。王锦雀以台湾国中公民

---

① 廖添富、刘美慧、董秀兰：《我国师范院校学生公民参与态度与公民教育观点相关性之研究》，《台湾公民训育学报》1998年第7期。

② 陈穆莹：《国中生政治知识与民主态度之研究——以台北地区国三学生为样本》，博士学位论文，台湾师范大学，2002年，第142页。

③ Baik, J. M.. *The Effects of Environment and Personal Factors on the Political Know-ledge and Attitudes of Korean Student*, doctor dissertation, University of Georgia. 1994.

④ 王锦雀：《台湾地区国中公民教师的政治行为与政治态度》，硕士学位论文，台湾师范大学，1995年，第43页。

⑤ 夏诚华：《旅美华人、留学生对中华民国政治态度之研究》，台北财团法人海华文教基金会1994年版。

⑥ 江炳伦：《政治文化研究导论》，台北正中出版社1983年版，第210页。

⑦ 林嘉诚：《政治心理形成与政治参与行为》，台湾商务印书馆1989年版，第179页。

科教授为研究对象发现其公众参与态度会因为年龄的不同而有显著差异①。胡佛对大专学生的政治态度进行研究发现，在国家认同、选举态度和民主政治态度上，会随着年龄与年级的增加而增长②。郑慧兰对高中生的研究显示，低年级的学生公众参与态度较高年级积极③。李春梅的研究也表明，年龄与公众参与态度显著相关。据此，本书提出如下假说：

H3b：年龄不同，公众参与态度存在差异。

（三）教育程度

夏诚华认为，一般而言，教育程度越高，政治知识、政治兴趣、政治参与需求等也越高④。学者们对此观点进行了实证检验，黄秀端认为教育程度越高，其公众参与态度也越积极⑤。王家英发现教育程度越高，越具有公民责任意识⑥。吴佩雯的研究发现，教育程度为大学及大专者，其社区意识高于小学教育程度者⑦。李春梅的研究显示，教育程度与公众参与态度显著相关，总体看来教育程度越高其公众参与态度越积极⑧。然而，林瑞钦、宋念谦的研究则发现，高学历者对社会关怀和社区关怀的程

① 王锦雀：《台湾地区国中公民教师的政治行为与政治态度》，硕士学位论文，台湾师范大学，1995 年，第 51 页。

② 胡佛：《政治学的科学探究：政治文化与政治生活》，台北三民出版社 1998 年版，第 78 页。

③ 郑慧兰：《高中生公民参与态度与行为之研究——以台北市公立高中为例》，硕士学位论文，台湾师范大学，2001 年，第 49 页。

④ 夏诚华：《旅美华人、留学生对中华民国政治态度之研究》，台北财团法人海华文教基金会 1994 年版，第 53 页。

⑤ 黄秀端：《台湾政治文化变迁与政治民主化》，台湾的民主化：回顾，检讨及展望研讨会论文，台北，1996 年，第 65 页。

⑥ 王家英：《香港民意看港台关系发展》，香港海峡两岸关系研究中心 1999 年版，第 110 页。

⑦ 吴佩雯：《高雄市居民社区意识、社区参与对社区发展协会满意度之关系》，博士学位论文，台湾高雄医学大学，2003 年，第 188 页。

⑧ 李春梅：《城镇居民公众参与态度研究——以成都市为例》，硕士学位论文，西南交通大学，2005 年，第 51 页。

度远不如教育程度低者①②。

综上所述，学者们对于教育程度对公众参与态度的影响并未达成共识，有待本书进行探讨，本书根据大多数学者的观点，提出如下假说：

H3c：教育程度不同，公众参与态度存在差异。

（四）职业

在职业与公众参与态度的研究方面，林嘉诚发现职业等级越高的人，其公众参与态度越积极③。宋念谦的研究发现职业对于邻里亲和和社区关怀有显著差异。陈怡如的研究结果显示退休人员的公众参与态度显著高于学生④。但林瑞钦、吴佩雯、李春梅则发现公众参与态度与职业并无显著差异。

由于本书的调研对象为成都市城镇居民，其职业非常多元，根据以往研究并不能判断职业对公众参与态度到底是什么样的影响，有待本书进一步验证，据此，本书提出如下假说：

H3d：职业不同，公众参与态度存在差异。

（五）婚姻状况

吴英明的研究发现，婚姻状况对公众参与态度有显著影响⑤。陈怡如发现，已婚者倾向于参与关怀服务和公共事务类的社区活动，其参与态度更为积极⑥。吴佩雯也发现，已婚者在社

---

① 林瑞钦：《社区意识的概念——测量与提振策略》，《社区发展研究学刊》1994 年第 31 期。

② 宋念谦：《台中市黎明社区居民社区意识之研究》，《建筑学报》1998 年第 24 期。

③ 林嘉诚：《政治心理形成与政治参与行为》，台湾商务印书馆，1989 年版，第 201 页。

④ 陈怡如：《社区成人教育活动参与及其社区意识之关系研究》，博士学位论文，台湾高雄师范大学，2000 年，第 161 页。

⑤ 吴英明：《公私部门协力关系和公民参与之探讨》，《中国行政评论》1993 年第 3 期。

⑥ 陈怡如：《社区成人教育活动参与及其社区意识之关系研究》，博士学位论文，台湾高雄师范大学，2000 年，第 157 页。

区意识及参与社区活动上高于未婚者[①]。李春梅则发现公众参与态度最为积极的是未婚者，其次是已婚无小孩和已婚有小孩的人群[②]。

虽然大多数学者认为已婚者公众参与态度更为积极，但也有少量研究显示未婚者的公众参与态度更为积极，因此仍需进一步分析比较，据此本书提出研究假说：

H3e：婚姻状况不同，公众参与态度存在差异。

（六）收入

个人经济状况对公众参与态度是否有影响作用也是学者们关心的一个影响变量，研究者以月收入或者年收入为标准探讨了收入对公众参与态度的影响。Haeberle、林嘉诚的研究显示，收入越高，则对邻里的社区参与、平时的政治参与和选举参与的态度更为积极[③④]。王家英对香港市民进行了调研，发现收入越高者其公众参与态度越积极[⑤]。陈怡如以台湾居民为研究对象，发现月收入在 4 万—5 万元台币的公众参与态度最为积极。吴佩雯也发现月收入高的居民比月收入低的居民公众参与态度积极。李春梅的研究则显示月收入与公众参与态度并无显著差异。

据此，进一步分析和探讨月收入与公众参与态度的关系很有必要，本书根据文献整理提出研究假说：

H3f：月收入不同，公众参与态度存在差异。

---

① 吴佩雯：《高雄市居民社区意识、社区参与对社区发展协会满意度之关系》，博士学位论文，台湾高雄医学大学，2003 年，第 143 页。

② 李春梅：《城镇居民公众参与态度研究——以成都市为例》，硕士学位论文，西南交通大学，2005 年，第 57 页。

③ Haeberle, S. H., "Neighborhood Identity and Citizen Participation", *American and Society*. Vol. 19, Feb. 1987, pp: 178 – 196.

④ 林嘉诚：《政治心理形成与政治参与行为》，台湾商务印书馆 1989 年版，第 174 页。

⑤ 王家英：《香港民意看港台关系发展》，香港海峡两岸关系研究中心 1999 年版，第 137 页。

（七）居住年限

居住年限的不同导致公众对所居住地区的情感也不尽一致，因此其参与公共事务和社会事务的态度也不尽相同。陈文俊、廖添富的研究均发现公众所居住的区域和居住的年限与其公众参与态度有显著影响[1][2]。李春梅的研究表明居住年限的长短与公众参与态度有显著差异，居住年限为1—5年的公众参与态度最积极，其次是20年及以上的公众。袁颂西则发现居住区域和居住年限对公众参与态度所呈现的差异并未达到显著水平[3]。

对于居住年限的不同，其公众参与态度是否存在差异，学术界还尚未形成定论，有待进一步探讨，据此，本书提出研究假说：

H3g：居住年限不同，公众参与态度存在差异。

（八）政治面貌

张士政针对台湾民众的研究表明政党偏向不同的公众其参与态度有差异[4]。吴俊瑶的研究显示，政治面貌与公众参与态度有显著差异，尤其体现在其政治信任感这一变量上[5]。吴宜芳的研究也再次证明政治面貌与公众参与态度显著相关。他认为尤其在政治功效意识与民主价值取向上有显著差异[6]。施宜君针对台湾小学教师的研究也同样表明，政治面貌对其公众参与态度有显著

---

① 陈文俊：《台湾地区中学生的政治态度与价值》，《理论与政策》1999年第3期。

② 廖添富：《个人政治功效意识、政治参与态度与家庭社会化变项之关系》，《台湾公民训育学报》1993年第3期。

③ 袁颂西：《我国家庭政治与少年政治功效意识之研究》，《思与言》1974年第5期。

④ 张士政：《南投县民众接触媒介动机、行为与政治社会化之关联性研究》，硕士学位论文，台湾中国文化大学，1999年，第52页。

⑤ 吴俊瑶：《国民小学教师政治态度之研究》，博士学位论文，台湾屏东师范学院，2003年，第127页。

⑥ 吴宜芳：《国小学童政治态度之研究——以台南市高年级学童为例》，硕士学位论文，台湾台南师范学院，2004年，第47页。

差异①。Lyn & Martha 的研究发现政治面貌不同，其公众参与态度无显著差异②。陈春梅的研究也发现政治面貌与政治功效意识并无显著差异③。

综上，政治面貌对于公众参与态度的影响情况还需进一步研究。据此，本书提出如下假说：

H3h：政治面貌不同，公众参与态度存在差异。

根据文献综述和研究假说，我们可以得出个人基本属性与公众参与态度的关系模型，见图 3 - 3。

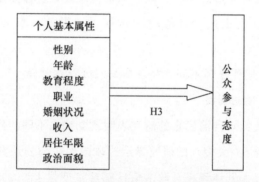

图 3 - 3　个人基本属性与公众参与态度关系模型

四　公众参与认知、态度与行为的关系及研究假设

公众参与认知、态度和行为是其参与过程中最核心的三个变量，弄清楚三者之间的关系，将有利于科学地认识和引导公众参与。然而在现有的研究中，却还没有将三者的关系进行厘清研究，这对关于公众参与的研究来说是很大的遗憾。对于人的认

①　施宜君：《高屏地区国小教师传播媒体阅听行为与政治态度之研究》，硕士学位论文，台湾屏东教育大学，2007 年，第 50 页。

②　Lyn & Martha. *Cross-National Comparison of Students' Political Awareness and Attitudes.* N/A, 1992.

③　陈春梅：《台北地区国中公民科教师政治功效意识与政治参与行为之研究》，硕士学位论文，台湾师范大学，2003 年，第 49 页。

知、态度和行为三者之间关系的研究在市场营销学和医学方面已经取得了很大的成绩，单项对公众参与态度和行为的研究也比较丰富。

关于对认知、态度和行为三个变量的相关研究。黄仁珍在对高中职学生对于绿色消费的认知、态度与行为的关系研究中发现，其消费认知与态度呈正相关，绿色消费的态度与行为也呈正相关，但绿色消费认知与行为未达到显著标准[①]。梁惠玉在医疗人员对医疗异常情况的认知、态度和行为的研究中发现通报认知和态度可预测其通报行为，医师对异常事件通报的认知与通报的态度间无相关性存在。而心理学则单纯从人的心理状态来分析三者之间的理论关系[②]。不同领域对认知、态度和行为的研究使得越来越多的研究领域形成了认知—态度—行为的理论模型。但在公众参与的相关研究中却鲜有人将三者建构理论模型进行深入探讨。

关于公众参与认知与态度的相关研究。陈秋燕针对台湾国中生的研究发现公众参与认知对公众参与态度有显著的预测力[③]。陈穆莹的研究发现政治知识与民主态度呈正相关[④]。对于认知和态度的关系研究目前还比较少，有待进一步探讨。

关于公众参与态度与行为的相关研究。萧扬基的研究显示，公民认知与公民参与行为无显著相关，但公民态度与公民参与行为有显著相关。但他却并未对认知和态度直接的关系进行分析。Milbrath & Goel 针对公众的研究表明民主态度、政治功效意识、

---

① 黄仁珍：《高中职生对于绿色消费认知、态度与行为之研究》，博士学位论文，台湾台南大学，2007年，第152页。
② 梁惠玉：《医护人员对医疗异常事件通报认知之讨论》，《台湾志为护理》2006年第5期。
③ 陈秋燕：《北、高两市国中生之政治认知与态度》，博士学位论文，台湾师范大学公民训育研究所，1994年，第204页。
④ 陈穆莹：《国中生政治知识与民主态度之研究——以台北地区国三学生为样本》，博士学位论文，台湾师范大学，2002年，第187页。

公民责任感越高，其参与行为就越积极①。王锦雀的研究发现公众参与态度与公众参与行为呈正相关。且发现政治功效意识、公民责任感对公众参与行为具有预测力②。叶佳文针对台湾桃园地区的高中职学生的研究发现公众参与的态度越积极，其参与行为越积极③。

根据以上的文献分析，我们可以得出如下假说：

H4a：公众参与认知对公众参与态度有显著正向影响作用（如图 3 - 4 所示）

图 3 - 4　公众参与认知对态度的影响假设

H4b：公众参与态度对公众参与行为有显著正向影响作用（如图 3 - 5 所示）

图 3 - 5　公众参与态度对行为的影响假设

H4c：公众参与认知对公众参与行为有显著正向影响作用（如图 3 - 6 所示）

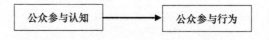

图 3 - 6　公众参与认知对行为的影响假设

---

① Milbrath, L. W. & Goel, M. L. *Political Participation: How and Why Do People Get Involved in Politics?* Boston: Houghton Mifflin Company, 1977.

② 王锦雀：《台湾地区国中公民教师的政治行为与政治态度》，硕士学位论文，台湾师范大学，1995 年，第 51 页。

③ 叶佳文：《台湾高中职学生政治社会化——以桃园地区为例》，硕士学位论文，台湾大学国家发展研究所，2001 年，第 54 页。

H4d：公众参与态度在公众参与认知和行为之间具有中介作用

H4d1：公众参与态度在公众参与认知和行为之间具有完全中介作用（如图 3 - 7 所示）

图 3 - 7　公众参与态度完全中介作用假设

H4d2：公众参与态度在公众参与认知和行为之间具有部分中介作用（如图 3 - 8 所示）

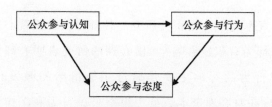

图 3 - 8　公众参与态度部分中介假设

根据文献整理和研究假说，我们可以得出公众参与的认知、态度和行为的模型如图 3 - 9 所示：

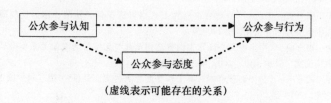

（虚线表示可能存在的关系）

图 3 - 9　公众参与认知、态度和行为模型

五　心理资本在公众参与过程中的关系及研究假设

2004 年，Luthans 在积极心理学运动的影响之下，提出心理资本的概念，该概念一提出就引起了学者们的共鸣，很快在组织行为学、经济学等多领域研究了心理资本与员工的态度和行为的关系。

心理资本与态度的相关研究。张兴贵、王蕊的研究发现心理资本对工作满意度、工作绩效的预测作用优于大五人格，而心理资本与大五人格的结合能增强对工作满意度和工作绩效的预测力[①]。惠青山的研究结果显示心理资本对态度行为变量有显著影响[②]。武芬芬的研究显示心理资本与员工工作满意度和组织承诺呈显著正相关，并且作为整体的心理资本对工作态度的影响作用比单个维度的预测力强[③]。廖军和、李志勇的研究表明心理资本与组织承诺、工作满意度、职业倦怠、工作绩效、离职意向存在显著相关[④]。

心理资本与行为的相关研究。仲理峰研究发现心理资本对组织公民行为有积极影响[⑤]。田喜洲的研究表明心理资本对员工态度与行为的影响主要是通过积极情绪的激发作用实现的[⑥]。江玲在对心理资本、员工组织公民行为和工作满意度的关系进行实证研究时发现，心理资本在工作满意度的部分中介作用下，与员工组织公民行为之间存在正向作用[⑦]。王立的研究发现员工的主管支持感越高，心理资本对建言行为的影响程

---

① 张兴贵、王蕊：《心理资本与大五人格对组织行为预测作用的比较研究》，第四届中国管理学年会论文，2009 年。

② 惠青山：《中国职工心理资本内容结构及其与态度行为变量关系实证研究》，博士学位论文，暨南大学，2009 年，第 164 页。

③ 武芬芬：《员工心理资本对其工作态度影响的实证分析》，第五届中国管理学年会论文，2010 年。

④ 廖军和、李志勇：《心理资本对中小学教师工作态度与行为的影响》，《大庆师范学院学报》2011 年第 6 期。

⑤ 仲理峰：《心理资本对员工的工作绩效、组织承诺及组织公民行为的影响》，《心理学报》2007 年第 2 期。

⑥ 田喜洲：《心理资本及其对接待业员工工作态度与行为的影响研究》，博士学位论文，重庆大学，2008 年，第 167 页。

⑦ 江玲：《心理资本与员工组织公民行为关系研究》，《中国商贸》2010 年第 8 期。

度越高①。高英的研究表明组织承诺在心理资本与知识型员工工作绩效间的调节作用。即组织承诺越强的员工，其人际型心理资本对创新绩效和任务绩效的影响越大②。

以上研究虽然没有针对公众参与领域，但是在其他领域已反复发现心理资本对人的态度和行为具有影响作用，同样的一个人其在组织行为中表现出的影响是否也会影响到他在公众参与，目前还没有学者进行讨论。而虽然心理资本对人的认知和态度是否具有影响没有人涉猎过，但我们并不能由此给出结论说其没有影响，因此心理资本到底在整个公众参与过程中的什么地方起到了作用，起到什么作用，有待探索和研究。本书将心理资本引入公众参与中来，研究其在公众参与过程中扮演什么角色，因为在该领域没有任何研究可供参考，因此在研究假设时，我们将穷尽所有可能，以逐一验证，最终找到其在整个公众参与过程中的作用。据此，提出如下研究假说：

H5a：心理资本对公众参与认知有显著正向影响作用

H5b：心理资本对公众参与态度有显著正向影响作用

H5c：心理资本对公众参与行为有显著正向影响作用

H5d：心理资本对公众参与认知与态度之间具有中介作用

H5d1：心理资本对公众参与认知与态度之间具有完全中介作用

H5d2：心理资本对公众参与认知与态度之间具有部分中介作用

H5e：心理资本对公众参与认知与态度之间具有调节作用

① 王立：《员工工作友情、心理资本与建言行为关系研究》，博士学位论文，吉林大学，2011年，第159页。
② 高英：《心理资本对知识型员工工作绩效影响的实证研究》，博士学位论文，辽宁大学，2011年，第164页。

第四章　城镇居民研究设计及数据处理

本章在上述研究模型构建和研究假说的基础之上，通过各变量测量题项的探讨，形成问卷大纲，根据大纲和文献探讨详细设计问卷题目，并请专家对问卷题目进行内容效度的检验，形成预测试问卷。通过 CITC 和 Cronbach's 系数剔除相关度较低的测量题项，然后运用因子分析的方法确定最终的测量题项。再对预测试问卷进行反复的措辞、排列顺序等方面的修订后，形成正式问卷，大规模发放并运用统计方法进行分析处理。

第一节　问卷的设计与过程

调查问卷的质量将直接影响到整个调研的质量，是数据准确性和能否解释研究问题的关键之所在。正如风笑天所指出的，问卷设计直接影响资料的真实性、实用性和回收率①。李俊、胡凯均指出问卷设计的原则是：第一，系统性原则。即在整体框架拟定的情况下开始问卷题项的设计，再从问卷题项衔接到整体框架的一个整体到部分，部分到整体的思路。第二，方便性原则。问卷的语言方便被试理解，问卷的形式利于被试接受，从调查对象

---

① 风笑天：《有关问卷设计的几个问题》，《统计与决策》1987 年第 1 期。

视角出发，使得他们愿意配合调查并顺畅地填答问卷。第三，科学性原则。在问卷设计的时候就要充分考虑统计分析的问题，在基本假设之下有哪些具体的研究假设，这些研究假设在问卷中将体现为什么样的题项和如何去验证。同时，要考虑所有的题项都要保持价值中立，对被试没有任何引导的作用，所以要采用科学性原则尽可能周全考虑。第四，严谨性原则。问卷设计的任何一个环节都要严谨客观。首先在提出研究假设后要进行探索性研究，围绕所调查的问题对调查对象进行观察分析和研究；其次在问卷设计的时候要遵循标准的指标体系；再次，要严密地组织调查问卷的发放和收集；复次要进行试调查；最后对问卷进行认真的排版。第五，趣味性原则。虽然问卷的内容已经确定，但形式可以多样，以增加被试填答的兴趣和注意力，确保填答质量[1][2]。根据以上的原则，为保证论文题项的准确性和合理性，本书在设计时应注意以下几个方面：

第一，充分阅读国内外文献对相关变量的测量方式方法，对其测量的信度、效度和结论进行汇总分析。认真考虑本书的研究框架、研究假设、研究对象以及内容的一致性和相关性，对测量题项进行筛选。

第二，对于国外顶级期刊的经典题项，本书采用回译的方法。本书请三位有留学经历且从事过本领域翻译工作的朋友，对研究中的每一个变量的测量题项进行回译。回译工作的具体操作步骤是：先由同学甲将英文题项翻译成中文，再由同学乙将刚才已翻译好的中文题项再次翻译成英文，最后由同学丙与原文进行对照。照此步骤重复三次。尽量保证相应英文调查问项的原意。

---

① 李俊：《如何更好地解读社会？——论问卷设计的原则与程序》，《调研世界》2009 年第 3 期。

② 胡凯：《浅谈社会科学方法中的问卷设计技术——基于问卷设计的原则和程序》，《甘肃科技》2012 年第 6 期。

同时在翻译过程中，尽量考虑中国人在语言表达上的习惯和方式以及我们的文化背景和自身特色，以确保问卷的适用性。

第三，为确保问卷题项表达的准确性和合理性。本书首先组织该领域的相关学者开展学术研讨，对每一个测量条目的合理性和准确性进行研讨，对语句进行反复的斟酌。然后将定稿的测量条目发送给6名本领域的专家，采用德尔菲法进行专家咨询，充分考虑专家的建议修正相关题项。接着，本书深度访谈了具有充分公众参与经验、有一定公众参与经验和基本无公众参与经验的三种被试共计15人，根据访谈情况和被试的反应进一步调整问卷的适用性。最后为了确保表述的清楚准确，不同教育程度的人对题项的理解完全一致，本书专门选取了具备博士学历、硕士学历，本科学历和高中学历，初中学历，小学学历，文盲等不同学历状况的人逐一阅读每一题项，听取他们的反馈意见，确保问卷不出现专业词汇，确保不同人对问卷的表述的理解是一致的。

第四，在问卷排序方面，采用先易后难的原则，注意问卷的逻辑顺序，按照时间和类别的顺序进行合理排列，对于相同性质或同类问题集中排列到一起，以使得被试在答题过程中思路清晰，使得调查获得尽可能多和更可能正确的信息。

综合多方面的意见，本书形成了初始调查问卷，并对初始问卷进行预测试，根据预测试的信度效度检定结果进行修正，最终形成正式问卷。

第二节　变量的操作性定义与测量题项

根据文章框架和拟研究的内容，本书在调查问卷中要测量的关键变量包括：公众参与认知、公众参与态度、公众参与行为和心理资本及大众传媒和个人基本属性。各变量的测量题目主要来源为：一、国内外经典成熟问卷，这些问卷在多次的测量中被证实具有高的信度和效度；二、在参考相关文献提出的量表基础上，结合本调查对象的特点和实际情况进行修正得来；三、依据访谈结果修正得来；四、根据已有的理论和文献分析得来。

本书对于连续型尺度的变量采用目前最主流的李克特（R. A. Likert）量表，对每一项赋予同等的数值，根据受试者对于该问题的完全不清楚到完全清楚或完全不同意到完全同意或完全不符合到完全符合的程度予以给分，所有项目的分数总和的高低代表个人在连续函数或者量表上的一个位置，以表示被试在该项目的表达的强弱程度。不少心理学家都表示，理想的量表以七等尺度进行计量最能考察被试的真实状况。杨静（2006）指出，七等尺度量表可以进一步增加变量的变异性，从而提升变量之间的区分度。因此，本书的连续性尺度变量均采用七等尺度进行测量。

一 变量的操作性定义与测量题项

（一）个人基本属性。个人属性是不同被试在人口学意义上的差异。本书的个人基本属性具体包括：教育程度、年龄、性别、政治面貌、婚姻状况、职业、居住时间、收入八项个人基本属性。根据其在整个问卷中排列的位置，将其在数据录入时分别以 A1—A8 进行表示。

（二）大众传媒。大众传媒在本书主要指报纸、杂志、广播、电视、网络、手机及其他媒介进行公共事务和社会事务的传播。对于大众传媒主要考察的变量包括：媒体种类、接触时间、接触频率、接受程度和关注程度五个方面的内容。根据其在整个问卷中排列的顺序，将其在数据录入时依序以 B1—B5 来进行表示。

（三）公众参与认知。本书所采用的公众参与认知是操作性定义，仅限于问卷测量上所包含的范围，具体指公共事务认知、权责认知和条件认知三项，被试得分越高则表示其认知能力越强。根据其在问卷中的排列顺序，依次用 C1—C13 来表示。

（四）公众参与态度。文章所采用的公众参与态度是操作性定义，仅限于问卷测量上所包含的范围，包括：对公共事务的态度、社会关怀的态度、社会责任的态度和关心时事的态度。被试在公众参与态度量表上得分越高，则表示其公众参与态度越积极。根据其在问卷中的排列顺序，依次用 D1—D30 来表示。

（五）公众参与行为。本书所采用的公众参与行为是操作性定义，仅限于问卷测量所包含的范围，具体指社会参与行为和政治参与行为。被试在该题项中得分越高表示其参与行为越积极。根据其在问卷中的排列顺序，依次用 E1—E8 来表示。

（六）心理资本。本书所采用的心理资本是操作性定义，仅限于问卷测量所包含的范围，具体指自我效能和积极乐观。被试在该题项中得分越高表示其心理状态越积极。根据其在问卷中的排列顺利，依次用 F1—F14 来表示。

二　测量题项来源

本书各变量的测量题项来源如表 4 - 1 所示：

表 4 - 1　　　　　　　　　　计量尺度的来源

变量名	计量尺度	计量尺度来源
个人基本属性	A1—A8	Verba, Nie 和 Kim (1987)、林嘉诚 (1989)、Lyn & Martha (1992)、Baik (1994)、黄秀端 (1996)、张士政 (2000)
大众传媒	B1—B5	McNelly & Fonseca (1964)、Steven H. Chaffee (1977)、蔡顺洁 (2005)、施宜君 (2007)
公众参与认知	C1—C13	萧扬基 (2000)、江美惠 (2003)、涂序堂 (2009)

变量名	计量尺度	计量尺度来源
公众参与态度	D1—D30	J. P. Robinson（1973）、Rosenbaum（1975）、王锦雀（1977）、林嘉诚（1989）、洪泉湖（1998）、翁志宗（1998）、萧扬基（2000）、曾欣仪（2001）、陈怡伶（2003）、颜秀美（2003）、苏澄钰（2003）、柯淑雄（2004）、陈育琪（2006）、周义程、梁莹（2009）
公众参与行为	E1—E8	Verba, Nie 和 Kim（1987）、Christy（1987）、林嘉诚（1989）、洪泉湖（1998）、王家英（1999）、萧扬基（2001）、胡子祥（2006）
心理资本	F1—F14	Cole（2006）、Luthans 等（2006）、Avey 等（2006）Jensen 等（2006）、蒋建武、赵署明（2007）、惠青山（2009）、田喜洲（2009）、贾燕燕（2010），阎巍（2010）、王哲（2010）、吴炯（2010）、窦海燕（2011）

个人基本属性和大众传媒为类别型变量，公众参与认知、态度、行为和心理资本为等距尺度，采用李克特（R. A. Likert）七等尺度法进行测量。

第三节　预测试及信效度检验

本书于 2012 年 2 月在成都市进行了小样本的预测试调研。调研对象采用立意抽样和便利抽样相结合的方法，发放方式为本人亲自发放。为保证问卷的填写质量和回收效率，均采用现场发放问卷，监督填写，现场收回，并对问卷进行编号。对相同的样本群体，在两周之后，使用同样的问卷进行第二次测试。第一次发放问卷 150 份，回收 130 份。第二次发放问卷 150 份，回收 126 份。按照以下标准剔除了无效问卷：第一，问卷填答不完整者；第二，问卷回答明显应付，整个问卷都选择一个选项或者整个大的变量全部选择一个答案（专门设有反向问题）；第三，问卷回答明显前后矛盾，恶意作答者；第四，大量选择"不确定"

选项的。根据以上四个原则，最终获得第一次有效问卷为 103 份，问卷有效率为 68.7%。第二次问卷有效率为 66%，获得有效问卷为 99 份，最终形成 99 对配对问卷。

一 预测试样本数据描述

预测试中各变量测量条款的均值、标准差、偏度和峰度等描述性分析如表 4 - 2 所示。Kline 表明，当偏度绝对值小于 3，峰度绝对值小于 10 时，表明样本基本上服从正态分布[①]。通过下表可以看出，各测量条款均完全符合这一标准，可以进行下一步的分析。

表 4 - 2　　　小样本调查数据的描述性统计和正态分布性

测量项目	样本数	均值	标准差	偏度	偏度标准误差	峰度	峰度标准误差
A1	99	1.51	0.517	0.344	0.066	0.193	0.133
A2	99	2.68	0.987	0.579	0.066	0.391	0.133
A3	99	2.82	0.812	- 0.672	0.066	0.237	0.133
A4	99	5.49	2.781	0.002	0.066	- 0.801	0.133
A5	99	2.12	0.981	0.066	0.066	- 1.059	0.133
A6	99	2.16	1.150	1.087	0.066	0.557	0.133
A7	99	3.39	1.687	0.307	0.066	- 1.195	0.133
A8	99	2.78	1.250	- 0.505	0.066	- 1.394	0.133
B1	99	4.57	1.116	- 1.733	0.066	3.661	0.133
B2	99	2.43	0.824	0.847	0.066	1.326	0.133
B3	99	3.05	1.618	1.232	0.066	0.852	0.133
B4	99	2.40	0.776	1.140	0.066	0.827	0.133
B5	99	2.38	0.839	0.827	0.066	0.752	0.133
C1	99	4.39	1.490	- 0.381	0.066	- 0.454	0.133

---

① Kline, R. B. *Principles and Practice of Structural Equation Modeling*, New York: The Guilford Press, 1998.

测量项目	样本数	均值	标准差	偏度	偏度标准误差	峰度	峰度标准误差
C2	99	4.03	1.429	-0.123	0.066	-0.499	0.133
C3	99	3.81	1.528	0.032	0.066	-0.710	0.133
C4	99	4.32	1.481	-0.305	0.066	-0.611	0.133
C5	99	4.25	1.428	-0.290	0.066	-0.499	0.133
C6	99	3.78	1.646	-0.058	0.066	-0.889	0.133
C7	99	4.58	1.407	-0.462	0.066	-0.251	0.133
C8	99	4.90	1.478	-0.751	0.066	0.082	0.133
C9	99	4.41	1.495	-0.430	0.066	-0.399	0.133
C10	99	4.34	1.386	-0.375	0.066	-0.351	0.133
C11	99	3, 65	1.548	0.053	0.066	-0.698	0.133
C12	99	3.77	1.578	-0.021	0.066	-0.804	0.133
C13	99	4.59	1.502	-0.510	0.066	-0.279	0.133
D1	99	5.18	1.622	-0.905	0.066	-0.017	0.133
D2	99	5.16	1.400	-0.936	0.066	0.667	0.133
D3	99	5.06	1.365	-0.831	0.066	0.509	0.133
D4	99	4.61	1.480	-0.504	0.066	-0.309	0.133
D5	99	5.96	1.321	-1.600	0.066	2.436	0.133
D6	99	5.42	1.447	-1.008	0.066	0.675	0.133
D7	99	5.60	1.407	-1.172	0.066	1.006	0.133
D8	99	5.57	1.430	-1.171	0.066	1.092	0.133
D9	99	5.10	1.442	-0.762	0.066	0.211	0.133
D10	99	5.45	1.314	-1.128	0.066	1.332	0.133
D11	99	4.54	1.632	-0.417	0.066	-0.514	0.133
D12	99	5.03	1.797	-0.771	0.066	-0.466	0.133
D13	99	5.66	1.472	-1.370	0.066	1.451	0.133
D14	99	4.71	1.815	0.174	0.066	5.011	0.133
D15	99	5.56	1.292	-1.127	0.066	1.383	0.133
D16	99	5.97	1.294	-1.638	0.066	2.857	0.133
D17	99	5.44	1.267	-0.895	0.066	0.691	0.133
D18	99	5.69	1.245	-1.177	0.066	1.434	0.133

测量项目	样本数	均值	标准差	偏度	偏度标准误差	峰度	峰度标准误差
D19	99	6.09	1.273	-1.727	0.066	2.869	0.133
D20	99	5.44	1.420	-1.022	0.066	0.794	0.133
D21	99	5.74	1.254	-1.405	0.066	2.288	0.133
D22	99	5.84	1.268	-1.511	0.066	2.388	0.133
D23	99	5.92	1.227	-1.538	0.066	2.608	0.133
D24	99	5.94	1.219	-1.606	0.066	2.869	0.133
D25	99	5.51	1.242	-1.165	0.066	1.506	0.133
D26	99	5.45	1.312	-1.164	0.066	1.350	0.133
D27	99	4.91	1.474	-0.570	0.066	-0.63	0.133
D28	99	4.96	1.437	-0.639	0.066	0.066	0.133
D29	99	5.33	1.328	-0.988	0.066	0.889	0.133
D30	99	5.11	1.424	-0.894	0.066	0.549	0.133
E1	99	4.54	1.520	-0.560	0.066	-0.278	0.133
E2	99	5.16	1.327	-0.937	0.066	0.841	0.133
E3	99	4.90	1.465	-0.731	0.066	-0.008	0.133
E4	99	4.46	1.461	-0.386	0.066	-0.328	0.133
E5	99	3.65	1.554	-0.022	0.066	-0.668	0.133
E6	99	3.77	1.635	-0.60	0.066	-0.871	0.133
E7	99	3.62	1.690	0.043	0.066	-0.938	0.133
E8	99	3.18	1.700	0.332	0.066	-0.898	0.133
F1	99	4.56	1.447	-0.532	0.066	-0.94	0.133
F2	99	4.68	1.406	-0.519	0.066	-0.73	0.133
F3	99	4.73	1.345	-0.555	0.066	0.217	0.133
F4	99	4.57	1.383	-0.458	0.066	0.047	0.133
F5	99	4.62	1.413	-0.498	0.066	0.030	0.133
F6	99	4.70	1.384	-0.558	0.066	0.194	0.133
F7	99	4.60	1.363	-0.469	0.066	0.139	0.133
F8	99	3.76	1.517	0.006	0.066	-0.471	0.133
F9	99	3.97	1.469	-0.153	0.066	-0.411	0.133
F10	99	3.71	1.516	0.056	0.066	-0.610	0.133

续表

测量项目	样本数	均值	标准差	偏度	偏度标准误差	峰度	峰度标准误差
F11	99	4.17	1.496	-0.234	0.066	-0.454	0.133
F12	99	4.34	1.476	-0.354	0.066	-0.321	0.133
F13	99	4.24	1.454	-0.311	0.066	-0.230	0.133
F14	99	4.56	1.493	-0.472	0.066	-0.155	0.133

二　预测试信、效度检验

张芳全指出，信度是指测量工具的一致性或者稳定性的程度，以及测量分数并不会受测量误差影响的程度[1]。它主要衡量调查问卷的精准性或正确性。本书主要采用再测信度检验和Cronbach's 信度检测。

（一）再测信度检验（test-retest reliability）。将本书的前测分两次进行，并进行配对，对配对的两次数据进行相关分析。再测信度越高代表测验分数越不会因为时间变动而改变，本书通过相关分析发现，各题项的相关系数均大于要求的 0.5，且全部都超过 0.6，表明问卷具有时间上的稳定性。

（二）Cronbach's 信度检测。郭生玉（指出李克特的尺度量表最适宜用 Cronbach's 进行检测[2]。Tavakol 表示系数为 0.9 以上为优秀，0.80—0.89 为好，0.70—0.79 为良好，0.60—0.69 为较好，0.50—0.59 为尚可，0.5 以上为差[3]。根据这一原则，本书将删除 Cronbach's 值低于 0.5 的题项。

效度是指问卷的有效性，是衡量题项是否能够准确测量出问卷所需测量特征的程度。效度越高，表明问卷越能达到其测量的

---

① 张芳全：《统计就是要这样跑》，台北心理出版社 2012 年版，第 54 页。
② 郭生玉：《心理与教育测验》，台北精华书局 1997 年版，第 55 页。
③ M. Tavakol, R. Dennick, "Making Sense of Cronbach's Alpha", *International Journal of Medical Education*, Vol. 2, 2011.

目的。本书主要采用内容效度检验和结构效度检验。

（一）内容效度检验（content validity）。内容效度是主要检测测量项目的代表性和综合性的指标。本书主要采用文献分析法、访谈方法和德尔菲专家咨询法，在第四章第一节问卷的设计过程中已详尽阐述，故应具有内容效度。

（二）结构效度（construct validity）。结构效度是考察所研究理论概念与问卷测量项目的一致性程度的指标，主要从聚敛效度（convergent validity）和区分效度（discriminant validity）两方面入手进行评价①。

聚敛效度是指用不同问题（测量项目）来测量同一概念的一致性。聚敛效度通常采用 CITC 的方法，通过剔除和评价所谓的"垃圾项目"来提升测量因子解释能力和减少测量项目多因子现象的一个评价方法。

区分效度主要是通过探索性因子分析方法（explorative factor analysis，EFA）来进行不同变量测量之间的差异化程度的评估和测量。主要通过评价测量项目的因子载荷来进行评价。

采用上述分析方法，本书对关键变量进行了逐一检测。具体结果如下：

（一）公众参与认知的信效度分析

本书首先采用 CITC 和 Cronbach's 信度检测以净化问卷测量题项。Churchill 指出，如果操作变量的 CITC（Corrected Item-Total Correlation）值大于 0.5 且 Alpha 系数在 0.6 以上，说明以这些操作变量来度量对应的名义变量的可靠性是可以接受的，如果操作变量 CITC 值小于 0.5，则应删去该变量，直到所有变量的

① R. P. Bagozzi, L. W. Philips, "Assessing Construct Validity in Organizational Research", *Administrative Science Quarterly*, 1991.

CITC 值都大于 0.5, 且名义变量的 Alpha 系数在 0.6 以上[1]。Yockcy 则表示 Cronbach's 低于 0.5, 且删除后明显使得 Cronbach's 值增加的题项应该予以删除[2]。根据以上两个原则, 对比表 4 - 3, 我们发现公众参与认知的题项的 CITC 值均在 0.567 以上, 且整体量表的 Cronbach's 达到 0.931, 表明量表具有较高的信度。

表 4 - 3　　　　公众参与认知的 CITC 和信度分析

测量项目	CITC	去除该条目的 Alpha 值	Cronbach's α
C1	0.617	0.928	
C2	0.735	0.924	
C3	0.769	0.923	
C4	0.726	0.924	
C5	0.719	0.925	
C6	0.721	0.924	
C7	0.688	0.926	$\alpha = 0.931$
C8	0.747	0.924	
C9	0.735	0.924	
C10	0.595	0.929	
C11	0.675	0.926	
C12	0.567	0.930	
C13	0.655	0.927	

为了检验指标之间的相关性如何, 本书进行了 KMO (Kaisex-Meyer-Olkin) 和巴特莱特球形检验 (Bartlett Test of Sphericity) 来判断该变量是否适合做因子分析。马庆国根据 KMO 值的情况来判断变量是否做因子分析。他认为非常适合做因子分析的条件是 KMO 达到 0.9 以上; 很适合做因子分析是 KMO 值需在 0.8—0.9; 适合做因子分析的标准是 KMO 在

[1] G. A. Churchill. "A Paradigm for Developing Better Measures of Marketing Constructs", *Journal of Marketing Research*, Vol. 16, Jan. 1979, pp: 64 - 73.

[2] Yockey, R. D., *SPSS Demystified-A Step-by-step Guide to Successful Data Analysis for SPSS Version* 18.0 (2nd ed.). N. Y.: Pearson. 2011.

0.7—0.8；不太适合做因子分析是 KMO 值在 0.6—0.7；而当 KMO 值小于 0.5 时，则不适合做因子分析①。而 Bartlett 球形检验考虑问题的角度则是从整个相关系数矩阵进行的，该检验的原假设是相关系数矩阵为单位矩阵。采用 Bartlett 进行判断时，其判断标准为当统计量的显著性概率小于等于 0.05 时，则拒绝零假设，表明可以做因子分析。由表 4 - 4 可以发现，公众参与认知的 KMO 为 0.878，Bartlett's 球形检验结果为 835.031，p = 0.000，结果显示出该变量是很适合做因子分析的。

表 4 - 4 　　　　　　　　　KMO 和 Bartlett's 球形检验结果

KMO 值		0.878
Bartlett's 球形检验	Approx. Chi-Square	835.031
	df	78.000
	Sig.	0.000

因为该变量适合做因子分析，因此本书采用主成分分析法（Principal Component Analysis），运用 SPSS 17.0 软件，对数据进行探索性因素分析。根据王立生的项目区分效度评价标准来进行因子的个数选择。即当一个项目为一个因子时，因其没有内部一致性，应予以删除；当项目所属因子载荷小于 0.5 时，其不具有收敛效度，应删除；另一种应该删除的情况是，当项目的因子载荷中有两个及两个以上的因子载荷大于 5，或者项目因子载荷均小于 5 的情况，这种情况是横跨因子现象，因此也应该删除。

----

① 马庆国：《管理统计》，北京科学出版社 2006 年版，第 136 页。

表 4 - 5 公众参与认知的维度分析

主成分	初 始 值			萃取平方和后的值		
	Total	% of Variance	Cumulative %	Total	% of Variance	Cumulative %
1	7. 171	55. 161	55. 161	7. 171	55. 161	55. 161
2	1. 228	9. 445	64. 606	1. 228	9. 445	64. 606
3	0. 813	6. 254	70. 860	0. 813	6. 254	70. 860
4	0. 685	5. 270	76. 130	—	—	—
5	0. 596	4. 585	80. 715	—	—	—
6	0. 515	3. 963	84. 678	—	—	—
7	0. 474	3. 649	88. 327	—	—	—
8	0. 400	3. 073	91. 401	—	—	—
9	0. 324	2. 491	93. 892	—	—	—
10	0. 289	2. 227	96. 119	—	—	—
11	0. 195	1. 502	97. 621	—	—	—
12	0. 168	1. 293	98. 914	—	—	—
13	0. 141	1. 086	100	—	—	—

由表 4 - 5 可知，公众参与认知可以分析得到三个因子，其特征值分别为 7.171、1.228 和 0.813，累计解释方差为 70.860%。

表 4 - 6 公众参与认知的因子分析

项目	因 子		
	因子 1	因子 2	因子 3
C1	0. 830	0. 016	0. 254
C2	0. 844	0. 181	0. 248
C3	0. 656	0. 353	0. 113
C4	0. 246	0. 628	0. 099
C5	0. 447	0. 613	0. 210
C6	0. 446	0. 644	0. 210
C7	0. 337	0. 667	0. 217

项目	因 子		
	因子 1	因子 2	因子 3
C8	0.217	0.580	0.204
C9	0.425	0.512	0.433
C10	0.121	0.807	0.350
C11	0.179	0.317	0.782
C12	0.030	0.294	0.801
C13	0.393	0.228	0.686

表 4-6 可以看到旋转后的各因子负荷值，并且可以观察得知各因子负荷值均在 0.5 以上，表示其收敛度很好。其中题项 C1—C3 为第一个因子，因子 2 则包含 C4—C10，因子 3 则包含 C11—C13。

（二）公众参与态度的信度和效度检验

从表 4-7，我们发现公众参与态度的题项中 D1、D4、D11、D12、D13、D14 的 CITC 值均小于 0.5，因此删除以上题项再次进行 CITC 检测，继而发现 D8 和 D9 的 CITC 值小于 0.5，删掉上述两题，再进行 CITC 检测，即发现所有题项的 CITC 值全部大于 0.5，且整体量表的 Cronbach's α 达到 0.955，表明量表具有较高的信度。

表 4-7　　　　公众参与态度的 CITC 和信度分析

测量项目	初始 CITC	第二次 CITC	最后 CITC	删除该条目后的 Alpha 值	Cronbach's α
D1	-0.128	删除	删除	删除	
D2	0.643	0.660	0.644	0.954	
D3	0.529	0.502	0.577	0.955	
D4	0.469	删除	删除	删除	
D5	0.622	0.646	0.639	0.954	
D6	0.642	0.654	0.640	0.954	
D7	0.597	0.562	0.522	0.955	
D8	0.534	0.498	删除	删除	

续表

测量项目	初始 CITC	第二次 CITC	最后 CITC	删除该条目后 的 Alpha 值	Cronbach's α
D9	0.517	0.483	删除	删除	
D10	0.709	删除	0.724	0.953	
D11	0.396	0.517	删除	删除	
D12	−0.046	删除	删除	删除	
D13	0.496	删除	删除	删除	
D14	−0.265	删除	删除	删除	
D15	0.680	0.699	0.708	0.953	
D16	0.752	0.762	0.764	0.952	
D17	0.739	0.749	0.760	0.952	
D18	0.764	0.774	0.780	0.952	
D19	0.731	0.731	0.751	0.952	初始 α = 0.933
D20	0.691	0.711	0.727	0.952	第二次 α = 0.954
D21	0.745	0.761	0.771	0.952	最终 α = 0.955
D22	0.787	0.799	0.816	0.951	
D23	0.780	0.792	0.798	0.952	
D24	0.743	0.755	0.773	0.952	
D25	0.664	0.707	0.709	0.953	
D26	0.662	0.693	0.703	0.953	
D27	0.548	0.576	0.580	0.954	
D28	0.529	0.552	0.558	0.954	
D29	0.675	0.686	0.696	0.953	
D30	0.579	0.585	0.583	0.954	

对于剩下的 21 个题项做探索性因子分析。由表 4 - 8 可以发现，公众参与态度的 KMO 为 0.917，Bartlett's 球形检验值为 1.687E3，p = 0.000，结果显示该变量是很适合做因子分析的。

表 4 - 8　　　　　　KMO 和 Bartlett's 球形检验结果

KMO 值		0.917
Bartlett's 球形检验	Approx. Chi-Square	1.687E3
	df	210.000
	Sig.	0.000

因为该变量适合做因子分析，因此本书采用主成分分析法，运用软件 SPSS 17.0，对数据进行探索性因素分析。

表 4 - 9   公众参与态度的维度分析

主成分	初　始　值			萃取平方和后的值		
	Total	% of Variance	Cumulative %	Total	% of Variance	Cumulative %
1	11.330	53.952	53.952	11.330	53.952	53.952
2	2.051	9.768	63.721	2.051	9.768	63.721
3	1.246	5.932	69.653	1.246	5.932	69.653
4	0.851	4.052	73.705	—	—	—
5	0.661	3.149	76.854	—	—	—
6	0.584	2.782	79.635	—	—	—
7	0.529	2.518	82.154	—	—	—
8	0.490	2.335	84.489	—	—	—
9	0.451	2.148	86.637	—	—	—
10	0.417	1.987	88.623	—	—	—
11	0.400	1.903	90.526	—	—	—
12	0.350	1.665	92.191	—	—	—
13	0.290	1.381	93.573	—	—	—
14	0.276	1.312	94.885	—	—	—
15	0.226	1.077	95.962	—	—	—
16	0.203	0.966	96.927	—	—	—
17	0.168	0.800	97.727	—	—	—
18	0.157	0.747	98.475	—	—	—
19	0.122	0.583	99.057	—	—	—
20	0.107	0.511	99.569	—	—	—
21	0.091	0.431	100	—	—	—

表 4 - 10   公众参与态度的因子分析

项目	因　子		
	因子 1	因子 2	因子 3
D2	0.190	0.244	0.784
D5	0.264	0.090	0.844
D6	0.270	0.185	0.738
D7	0.357	-0.110	0.688

项目	因　子		
	因子 1	因子 2	因子 3
D10	0.403	0.364	0.541
D15	0.608	0.318	0.308
D16	0.760	0.196	0.340
D17	0.690	0.344	0.283
D18	0.613	0.324	0.433
D19	0.824	0.132	0.300
D20	0.803	0.248	0.173
D21	0.711	0.384	0.237
D22	0.780	0.385	0.228
D23	0.692	0.286	0.399
D24	0.539	0.385	0.468
D25	0.503	0.370	0.446
D26	0.369	0.664	0.292
D27	0.094	0.766	0.312
D28	0.265	0.858	− 0.029
D29	0.414	0.741	0.121
D30	0.280	0.805	0.039

由表 4 - 9 可知，公众参与态度可以分析得到三个因子，其特征值分别为 11.330、2.051 和 1.246，累计解释方差为 69.653%。而表 4 - 10 可以看到旋转后的各因子负荷值，并且可以观察得知各因子负荷值均在 0.5 以上，表示其收敛度很好。其中题项 D2、D5、D6、D7、D10 为第一个因子，因子 2 则包含 D15—D25，因子 3 则包含 D26—D30。

（三）公众参与行为的信度和效度分析

由表 4 - 11 可知，公众参与行为的 CITC 值均在 0.662 以上，且整个量表的 Cronbach's α 为 0.914，说明该量表符合研究要求，具有较高的信度。

表 4 - 11　　　　公众参与行为的 CITC 和信度检验

测量项目	CITC	去除该条目的 Alpha 值	Cronbach's α
E1	0.662	0.907	
E2	0.744	0.901	
E3	0.684	0.905	
E4	0.743	0.901	
E5	0.763	0.899	α = 0.914
E6	0.783	0.897	
E7	0.708	0.903	
E8	0.682	0.907	

　　将上述测量项目进行相关性检验，由表 4 - 12 可以发现，公众参与行为的 KMO 为 0.874，Bartlett's 球形检验结果为 541.850，p = 0.000，以上指标显示该变量是很适合做因子分析的。

表 4 - 12　　　　KMO 和 Bartlett's 球形检验结果

KMO 值		0.874
Bartlett's 球形检验	Approx. Chi-Square	541.850
	df	28.000
	Sig.	0.000

　　因为该变量适合做因子分析，因此本书采用 SPSS 17.0 中的主成分分析法，对数据进行探索性因素分析。由表 4 - 13 可知，公众参与行为可以分析得到两个因子，其特征值分别为 5.037 和 1.059，累计解释方差为 69.653% 。

表 4 - 13　　　　公众参与行为的维度分析

主成分	初 始 值			萃取平方和后的值		
	Total	% of Variance	Cumulative %	Total	% of Variance	Cumulative %
1	5.037	62.956	62.956	5.037	62.956	62.956
2	1.059	13.234	76.190	1.059	13.234	76.190
3	0.587	7.343	83.533	—	—	—

续表

主成分	初 始 值			萃取平方和后的值		
	Total	% of Variance	Cumulative %	Total	% of Variance	Cumulative %
4	0.387	4.835	88.367	—	—	—
5	0.313	3.909	92.276	—	—	—
6	0.236	2.947	95.224	—	—	—
7	0.208	2.601	97.824	—	—	—
8	0.174	2.176	100	—	—	—

表 4-14　　　　　公众参与行为的因子分析

项 目	因 子	
	因子 1	因子 2
E1	0.243	0.816
E2	0.343	0.808
E3	0.272	0.818
E4	0.352	0.804
E5	0.834	0.330
E6	0.834	0.350
E7	0.761	0.338
E8	0.852	0.216

由表 4-14 可以看到旋转后的各因子负荷值，并且可以观察得知各因子负荷值均在 0.5 以上，表示其收敛度很好。其中题项 E1、E2、E3、E4 为第一个因子，因子 2 则包含 E5—E8。

（四）心理资本的信度和效度分析

由表 4-15 可知，心理资本的 CITC 值均在 0.623 以上，且整个量表的 Cronbach's α 为 0.938，说明该量表符合研究要求，具有较高的信度。

表 4 - 15 心理资本的 CITC 和信度检验

测量项目	CITC	剔除该条目后的 Alpha 值	Cronbach's α
F1	0.676	0.934	
F2	0.705	0.933	
F3	0.705	0.933	
F4	0.737	0.932	
F5	0.714	0.933	
F6	0.680	0.934	
F7	0.749	0.932	
F8	0.686	0.934	α = 0.938
F9	0.710	0.933	
F10	0.667	0.934	
F11	0.762	0.932	
F12	0.647	0.935	
F13	0.710	0.933	
F14	0.623	0.936	

将上述测量项目进行相关性检验，由表 4 - 16 可以发现，心理资本的 KMO 为 0.912，Bartlett's 球形检验统计量为 968.849，p = 0.000，这三个指标显示该变量是很适合做因子分析的。

表 4 - 16 KMO 和 Bartlett's Test 检验结果

KMO 值		0.912
Bartlett's 球形检验	Approx. Chi-Square	968.849
	df	91.000
	Sig.	0.000

因为该变量适合做因子分析，因此本书采用主成分分析法（Principal Component Analysis），运用软件 SPSS 17.0，对数据进行探索性因素分析。由表 4 - 17 可知，心理资本可以分析得到两个因子，其特征值分别为 7.796 和 1.453，累计解释方差为 66.059%。

表 4 – 17 心理资本的维度分析

主成分	初 始 值			萃取平方和后的值		
	Total	% of Variance	Cumulative %	Total	% of Variance	Cumulative %
1	7.796	55.682	55.682	7.796	55.682	55.682
2	1.453	10.376	66.059	1.453	10.376	66.059
3	0.860	6.143	72.201	—	—	—
4	0.645	4.605	76.806	—	—	—
5	0.604	4.315	81.121	—	—	—
6	0.535	3.822	84.943	—	—	—
7	0.455	3.252	88.196	—	—	—
8	0.372	2.658	90.854	—	—	—
9	0.294	2.099	92.952	—	—	—
10	0.242	1.725	94.678	—	—	—
11	0.218	1.558	96.235	—	—	—
12	0.205	1.465	97.700	—	—	—
13	0.166	1.185	98.885	—	—	—
14	0.156	1.115	100	—	—	—

表 4 – 18 心理资本的因子分析

项 目	因子	
	因子 1	因子 2
F1	0.237	0.811
F2	0.259	0.824
F3	0.254	0.829
F4	0.292	0.834
F5	0.403	0.683
F6	0.410	0.633
F7	0.632	0.484
F8	0.664	0.364
F9	0.643	0.421
F10	0.790	0.202
F11	0.857	0.256

续表

项　目	因子	
	因子 1	因子 2
F12	0.781	0.194
F13	0.764	0.287
F14	0.608	0.337

由表 4 - 18 可以看到旋转后的各因子负荷值，并且可以观察得知各因子负荷值均在 0.5 以上，表示其收敛度很好。其中题项 F1—F6 为第一个因子，因子 2 则包含 F7—F14。

通过预测试，我们发现，本书的调查问卷设计比较合理，但仍存在需要剔除的"垃圾测量条款"。根据信度和效度的分析，本书对问卷题项的排序等进行了进一步完善，形成正式问卷。

第四节　正式调查与信度、效度检验

一　正式调查过程与样本概况

正式调研于 2012 年 3 月开始，8 月结束，为期 6 个月。首先根据成都市的行政区划，成都分为武侯区、青羊区、金牛区、锦江区、成华区、温江区、新都区、青白江区、龙泉驿区共 9 个区，郫县、双流县、金堂县、大邑县、蒲江县、新津县共 6 个县。调研对象主要确定为成都市主城区即锦江区、青羊区、金牛区、武侯区和成华区。其他成都市行政区划的四区六县由于人力、物力和财力的限制采用便利抽样的方式。

问卷发放的方式是采用纸质问卷和网页制作进行电子问卷相结合的方式。问卷的抽样方式是随机抽样和判断抽样（立意抽样）相结合的方法。对于成都市金牛区，因为笔者的学生正好要派驻到所辖区域的所有街道办事处实习，借此机会，采用了分层随机抽样的方法进行抽样。具体操作办法是将以户籍所属街道办事处为分层的准则，以户口编号为序，输入乱数表，进行抽样，根据五城区每一区调研 400 份的预算，抽取 400 个随机编号，抽中的编号委托学生在实习过程中，由街道办事处的人员陪同入户进行调查。在调查之前对学生进行统一培训，详细讲解问卷的用途、目的、调查的方法和注意事项及其填答的注意事项等。对于成都市其他四个城区则首先到该地居委会了解哪些人群是公众参与的积极人群，哪些是公众参与普遍人群，哪些是公众参与消极人群，在分群之后，再根据成都市人口普查所得的统计数据中的人口特征进行分群分层抽样，尽量使得抽样样本在人口特征上能够和母本接近。每区发放也是 400 份调查问卷，对于其他四区六县的调查则受能力所限，采取便利抽样的方法。

正式调查共发放问卷 2256 份，收回 1600 份。按照以下标准剔除了无效问卷：第一，问卷填答不完整者；第二，问卷回答明显应付，整个问卷都选择一个选项或者整个大的变量全部选择一个答案（专门设有反向问题）；第三，问卷回答明显前后矛盾，恶意作答者；第四，大量选择"不确定"选项的。根据以上四个原则，最终获得有效问卷为 1359 份，有效率为 67.95%。被调查的成都市城镇居民的基本情况如表 4 - 19 所示：

表 4 - 19　　　　　　　**样本的人口统计特征**

统计内容	类　别	人数	所占百分比（%）
性别	男	674	49.6
	女	685	50.4
年龄	19 岁（含）以下	111	8.2
	20—29 岁	532	39.1
	30—39 岁	458	33.7
	40—49 岁	205	15.1
	50—59 岁	40	2.9
	60 岁（含）以上	13	1.0

续表

统计内容	类 别	人数	所占百分比（%）
教育程度	初中（含）以下	123	9.1
	高中（职）	220	16.2
	专科或本科	792	58.3
	研究生（含）以上	224	16.4
职业	公务员、军人、教师	204	15.0
	农牧渔业	9	0.7
	制造业	88	6.5
	服务业	191	14.1
	商业	204	15.0
	自由业	127	9.3
	学生	288	21.2
	退休	13	1.0
	失业	36	2.6
	其他	199	14.6
婚姻状况	未婚	531	39.1
	已婚（无小孩）	178	13.1
	已婚（有小孩）	613	45.1
	离异	37	2.7
月收入	2000 元及以下	429	31.6
	2001—5000 元	555	40.8
	5001—8000 元	208	15.3
	8001—10000 元	62	4.6
	10000 元以上	105	7.7
居住时间	1 年（含）以下	167	12.3
	1—5 年	351	25.8
	6—10 年	281	20.7
	11—15 年	166	12.2
	16—20 年	132	9.7
	20 年以上	262	19.3
政治面貌	中共党员（含预备党员）	406	29.9
	民主党派	21	1.5
	团员	395	29.1
	群众	537	39.5

二　正式调查的信度、效度检验

对正式问卷的信度检验主要采用 CITC 和 Cronbach's α 信度检测。本书对正式问卷的公众参与认知、态度、行为和心理资本均进行了信度分析，结果如表4-20所示。由表4-20可知，其所有测量项目的 CITC 值均大于0.5，且测量变量的整体 Cronbach's α 最低都达到0.872，说明该测量量表具有较高的信度。

表4-20　　　　　　　正式调查的 CITC 和信度检验

变量	测量项目	CITC	剔除该条目的 Alpha 值	Cronbach's α
公众参与认知	C1	0.669	0.920	$\alpha = 0.925$
	C2	0.691	0.919	
	C3	0.688	0.919	
	C4	0.716	0.918	
	C5	0.702	0.918	
	C6	0.668	0.920	
	C7	0.739	0.917	
	C8	0.653	0.920	
	C9	0.702	0.918	
	C10	0.664	0.920	
	C11	0.654	0.920	
	C12	0.606	0.922	
	C13	0.579	0.923	
公众参与态度	D1	0.603	0.946	$\alpha = 0.947$
	D2	0.654	0.945	
	D3	0.589	0.946	
	D4	0.635	0.945	
	D5	0.734	0.944	
	D6	0.672	0.945	
	D7	0.645	0.945	
	D8	0.695	0.944	
	D9	0.749	0.944	
	D10	0.724	0.944	
	D11	0.635	0.945	
	D12	0.746	0.944	
	D13	0.758	0.943	
	D14	0.755	0.943	
	D15	0.752	0.944	
	D16	0.661	0.945	
	D17	0.656	0.945	
	D18	0.509	0.947	
	D19	0.533	0.947	
	D20	0.668	0.945	
	D21	0.588	0.946	

变量	测量项目	CITC	剔除该条目的 Alpha 值	Cronbach's α
公众参与行为	E1	0.605	0.859	
	E2	0.547	0.864	
	E3	0.530	0.866	
	E4	0.646	0.854	α = 0.872
	E5	0.691	0.849	
	E6	0.745	0.843	
	E7	0.684	0.850	
	E8	0.580	0.862	
心理资本	F1	0.688	0.937	
	F2	0.721	0.937	
	F3	0.731	0.936	
	F4	0.771	0.935	
	F5	0.764	0.935	
	F6	0.743	0.936	
	F7	0.707	0.937	
	F8	0.649	0.939	α = 0.941
	F9	0.733	0.936	
	F10	0.641	0.939	
	F11	0.726	0.936	
	F12	0.682	0.938	
	F13	0.742	0.936	
	F14	0.622	0.939	

对上述测量项目进行相关性检验，由表 4 – 21 可知，各研究变量的 KMO 值都大于 0.7，比较合适做因子分析。可采用主成分分析法提炼因子，并用方差最大法对因子进行正交旋转进行探索性因子分析。验证性分析对效度的检验在以后各章节体现。

表 4 – 21　　　　　　　各研究变量探索性因子分析

变量名称	KMO	Bartlett 球形检验值	Sig.
公众参与认知	0.924	10241.831	0.000
公众参与态度	0.961	18307.145	0.000
公众参与行为	0.865	5556.631	0.000
心理资本	0.947	13936.585	0.000

综上所述，经过预测试的信度、效度检验和正式问卷的严格的信度效度检验，本书的问卷具有较高的信度和效度。

第五章　公众参与态度结构及其背景变量影响研究

本章首先将通过探索性因子分析和验证性因子分析来验证假设 1 公众参与态度是否由四个因子构成，确定公众参与态度的结构模型。最后，将对个人基本属性对公众参与态度的关系及大众传媒与公众参与态度的关系进行剖析。

第一节　公众参与态度结构的探索性因子分析

根据第三章第二节的文献分析，本书提出了假设 1，即公众参与态度由公共事务态度、社会关怀态度、社会责任态度和关心时事态度四个因子构成。通过预测试和正式测试的信效度分析可知，公众参与态度的问卷适合进行探索性因子分析。因此对 1359 份正式问卷采用最大方差主成分分析法，进行探索性因子分析。探索性因子分析的结果如表 5 - 1 所示：

表 5 - 1　　　　公众参与态度的探索性因子分析结果

测　量　题　目	因子 1	因子 2	因子 3
D1 每个人都应该参与地方或社区事务，以加强对社区的认同感。	0.244	0.710	0.216
D2 公共资源（如路灯、公园等）是属于大家的，必须好好珍惜。	0.461	0.677	0.043

续表

测 量 题 目	因子 1	因子 2	因子 3
D3 公民应该参与政治活动，尤其应该珍视自己的选举权。	0.163	0.731	0.283
D4 我对社区公园、运动休闲设施等公共设施不仅有权使用，也可以提出要求或建议。	0.276	0.779	0.161
D5 公共事务是大家的事，也是我的事。	0.456	0.545	0.339
D6 每个人都应积极参与各项公益活动，随时关心周围的人与事。	0.510	0.467	0.241
D7 政府机关应更加关注弱势群体（如：老人、残疾人等）。	0.649	0.398	0.052
D8 我乐于利用闲暇时间去帮助需要帮助的人。	0.574	0.325	0.325
D9 关怀社会是现代公民的责任。	0.663	0.315	0.314
D10 地球只有一个，所以我应当保护环境（如不乱扔垃圾）。	0.775	0.335	0.090
D11 "给予"比"接受"更让人愉快。	0.679	0.145	0.251
D12 我的行为应该考虑社会整体利益，不能为所欲为。	0.764	0.203	0.282
D13 社会的好坏是大家共同的责任。	0.797	0.196	0.269
D14 为了避免增加社会负担，每个人都应该履行个人义务（如守法等）。	0.780	0.243	0.238
D15 遵守交通规则是承担社会责任的表现。	0.740	0.299	0.230
D16 经过社区共同决定的事，我虽然不喜欢，但也应该遵守。	0.582	0.224	0.357
D17 信息传媒相当发达，提升了我对时事的关心程度。	0.400	0.255	0.568
D18 我关心时事的程度越高，越能促进社会的民主化。	0.155	0.154	0.738
D19 我会主动关心成都市政府的重大举措（如北改工程等）。	0.170	0.104	0.815
D20 虽然我是一个普通公民，我也应该关心经济增长等经济问题。	0.288	0.291	0.712
D21 身为成都的一分子，应该要了解天府新区建设的最新进展。	0.242	0.156	0.766
Cronbach's α 系数	0.935	0.852	0.856
总体一致性系数	0.947		
解释变异量（%）	49.810	8.056	5.879
总体解释变异量（%）	63.647		

公众参与态度可以分析得到三个因子，其特征值分别为

10.439、1.693 和 1.234，累计解释方差为 63.647%。而表 4 - 9 可以看到旋转后的各因子负荷值，并且可以观察得知各因子负荷值均在 0.5 以上，表示其收敛度很好。其中题项 D1—D5 为第一个因子、D6—D16 为第二个因子，因子 3 则包含对 D17—D21。该研究结论与预测试的研究结论完全一致，而原假设中的社会关怀态度和社会责任态度在因子分析中两次被印证为是一个变量，从文献和相关理论我们也可以得出，社会关怀态度和社会责任态度实际同属于社会事务态度，因此我们将这三个因子分别命名为：公共事务态度、社会事务态度和关心时事态度。

第二节　公众参与态度结构的验证性因子分析

为了进一步验证公众参与态度在探索性因子时所提出的三因素模型是否有效，本书进行验证性因子分析。验证性因子分析主要采用 LISREL 18.70 进行结构方程模型的拟合。在验证性因子分析时首先对于三因素的模型进行编程计算，然后将三因素模型与备选模型（一因素模型和虚无模型）进行对比，从而得出最佳模型。

从图 5 - 1 可知，模型的载荷因子的系数均大于 0.5。从表 5 - 1 可知，模型的各项拟合指数均达到评价标准，系数合理。

对于各拟合指数的判定，黄芳铭（2005）指出判定标准为：$\dfrac{\chi^2}{df}$ 在 2—5 表示拟合可以接受，小于 2 则表示拟合得很好。GFI、AGFI、NFI、RFI、CFI 则均要大于 0.9，表明模型拟合得好，RMSEA 小于 0.1 为拟合得理想，而小于 0.08 则拟合得好。由表 5 - 2 可知，三因素的各拟合指数均符合上述标准。

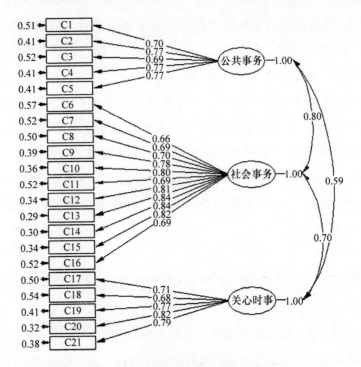

图 5-1 公众参与态度的验证性因子分析

表 5-2   公众参与态度验证性因素分析模型拟合指数

指标 χ^2	$df \dfrac{\chi^2}{df}$	GFI	AGFI	NFI	CFI	IFI	RMSEA
评价标准	$2 < \chi^2 < 5$	>0.9	>0.9	>0.9	>0.9	>0.9	<0.08
验证模型	4.89	0.96	0.93	0.96	0.97	0.97	0.057

　　为了进一步确定公众参与态度的三因素说的划分合理性，本书通过三因素（即公共事务态度、社会事务态度和关心时事态度）与备择模型一因素模型（即所有题项应为一个维度）和虚无模型（所有题项都不属于该变量）进行对比，以最终选出最合理的模型，其结果如图 5-2 所示。

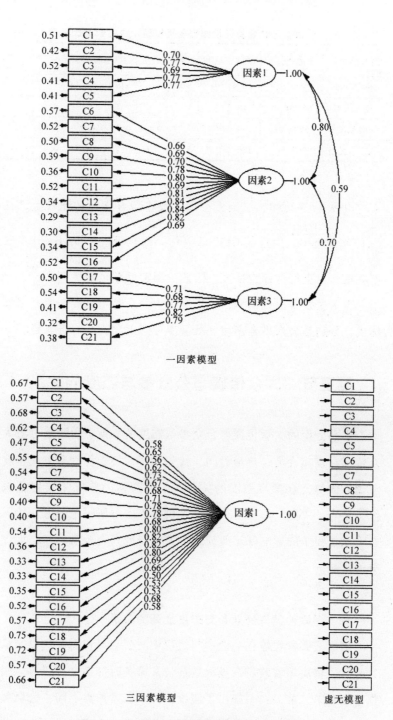

图 5 - 2　公众参与态度备择模型对比示意图

表 5 - 3 公众参与态度验证性因素备择模型拟合指数对比

测量模型 χ^2	$df \frac{\chi^2}{df}$	GFI	AGFI	NFI	CFI	IFI	RMSEA		
评价标准	$2 < \chi^2 < 5$	>0.9	>0.9	>0.9	>0.9	>0.9	< 0.08		
虚无模型	65610.10	210							
一因素模型	5598.01	189	29.62	0.72	0.66	0.94	0.94	0.94	0.15
三因素模型	909.54	186	4.89	0.96	0.93	0.96	0.97	0.97	0.057

由表 5 - 3 可知，三因素模型不仅在拟合优度的比较上，其 $\frac{\chi^2}{df}$ 的比值更小，而且其 GFI、AGFI、NFI、CFI、IFI、RMSEA 的各项指标也更符合评价标准，因此三因素模型是最优模型，否定了一因素模型和虚无模型，得出结论为公众参与态度是由三因素构成，分别是公众事务态度、社会事务态度和关心时事态度。

第三节　大众传媒与公众参与态度的关系

本书分析的大众传媒与公众参与态度的关系，主要是分析大众传媒在媒体种类、接触时间、接触频率、接受程度和关注程度五个方面与公众参与态度的关系。本书所指的传媒主要包括报纸、杂志、广播、电视、网络和手机等。本书所讨论的大众传媒在公众过程中的影响基于研究目的，仅研究其对公众参与态度部分的影响。

一　媒体种类与公众参与态度之间的关系

到底是哪种媒体在公众参与过程中对公众参与态度的影响最为显著，将决定着政府在投放这些公共事务时如何选择媒体。根据第三章第二节，本书提出了假设 H2a：媒体种类不同，公众参与态度存在差异。本书对媒体种类和公众参与态度进行了方差分析，结果如表 5 - 4 所示：

表 5 - 4　　　媒体种类与公众参与态度的 ANOVA 分析

量表名称	变异来源	离均差平方和（SS）	自由度（DF）	均方（MS）	F 值	P 值
公众参与态度（总量表）	组间	64.846	6	10.808	13.255	0.000
	组内	1102.340	1352	815		
	全体	1167.186	1358	—		
公共事务态度（分量表一）	组间	110.006	6	18.334	16.177	0.000
	组内	1532.336	1352	1.133		
	全体	1642.341	1358	—		
社会事务态度（分量表二）	组间	66.563	6	11.094	11.830	0.000
	组内	1267.916	1352	0.938		
	全体	1334.479	1358	—		
关心时事态度（分量表三）	组间	34.111	6	5.685	4.714	0.000
	组内	1630.603	1352	1.206		
	全体	1664.715	1358	—		

＊P < 0.05　　＊＊P < 0.01

由表 5 - 4 可知，媒体种类的不同，其公众参与态度有显著差异。且这种显著差异在公众参与态度的三个分量表都存在。进一步分析可得，选择报纸的为 75 人，占 5.52%，其公众参与态度得分的平均分为 5.56；选择杂志的为 14 人，占 1.03%，其公众参与态度得分的平均分为 4.59；选择广播的为 29 人，占 2.13%，其公众参与态度得分的平均分为 4.67；选择电视的为 327 人，占 24.06%，其公众参与态度得分的平均分为 5.43；选择网络的为 776 人，占 57.10%，其公众参与态度得分的平均分为 5.65；选择手机的为 128 人，占 9.42%，其公众参与态度得分的平均分为 5.59；选择其他的为 14 人，占 0.74%，其公众参与态度得分的平均分为 4.25。结果显示影响公众参与态度最大的是网络，其次是电视，再次是手机，这与 2005 年研究者对成都市城镇居民公众参与态度的研究结论有一定差异，2005 年影响公众参与态度最大的是报纸，其次是电视。可以看出随着互联网的发展，相对比 2005 年，会上网和家庭里有电脑并且上网的人数剧增，网络作为人们了解社会事务和公共事务信息的影响作用日益加强，其对公众参与态度的影响作用也与日俱增。而新媒体尤其是手机拥有上网功能和选择新闻订阅服务之后，拥有了很大的市场，对公众参与态度的影响有所提升。

二 媒体接触时间与公众参与态度之间的关系

公众是否接触媒体的时间越长，其公众参与态度就越积极。本书根据第三章第二节的文献分析和整理，提出了研究假设 H2b：接触传媒的时长不同，公众参与态度存在差异。本书通过 ANOVA 分析来验证这一假设。

表 5-5   媒体接触时间与公众参与态度的 ANOVA 分析

量表 名称	变异 来源	离均差平方和 （SS）	自由度 （DF）	均方 （MS）	F 值	P 值
公众参与态度 （总量表）	组间	44.406	4	11.102	13.388	0.000
	组内	1122.780	1354	0.829		
	全体	1167.186	1358			
公共事务态度 （分量表一）	组间	51.942	4	12.985	11.055	0.000
	组内	1590.400	1354	1.175		
	全体	1642.341	1358			
社会事务态度 （分量表二）	组间	44.644	4	11.161	11.716	0.000
	组内	1289.835	1354	0.953		
	全体	1334.479	1358			
关心时事态度 （分量表三）	组间	44.801	4	11.200	9.362	0.000
	组内	1619.913	1354	1.196		
	全体	1664.715	1358			

$*P < 0.05$ $**P < 0.01$

由表 5 - 5 可知，媒体接触时间不同，其公众参与态度存在显著差异，且这种显著差异在公众参与态度的三个分量表中都存在。进一步分析可知，每天平均花在获得时事或新闻中的时间几乎没有的为 110 人，占 8.09%，其公众参与态度平均得分为5.06；1 小时（含）以下的为 699 人，占 51.43%，其公众参与态度平均得分为 5.58；1—2 小时的为 448 人，占 32.97%，其公众参与态度平均得分为 5.61；2—3 小时的为 61 人，占 4.49%，其公众参与态度平均得分为 5.89；3 小时以上 41 人，占 3.02%，其公众参与态度平均得分为 5.09。结果显示每天接触媒体时间为 2—3 小时的其公众参与态度最为积极，其次是 1—2 小时的，再次是 1 小时以下的。总体看来，接触媒体时间长，了解信息充分，因此态度更加积极，而 3 小时以上可能了解的信息时间太长后反而不知从何判断，因此并没有排到前三。

三　媒体接触频率与公众参与态度之间的关系

媒体接触频率是否与公众参与态度有关，根据第三章第二节的文献综述，本书提出研究假设 H2c：接触传媒频率不同，公众参与态度存在差异。通过方差分析，将验证这一假设。

表 5 - 6　　媒体接触频率与公众参与态度的 ANOVA 分析

量表 名称	变异 来源	离均差平方和 （SS）	自由度 （DF）	均方 （MS）	F 值	P 值
公众参与态度 （总量表）	组间	49.617	6	8.270	10.004	0.000
	组内	1117.569	1352	0.827		
	全体	1167.186	1358			
公共事务态度 （分量表一）	组间	62.431	6	10.405	8.904	0.000
	组内	1579.910	1352	1.169		
	全体	1642.341	1358			

续表

量表名称	变异来源	离均差平方和（SS）	自由度（DF）	均方（MS）	F 值	P 值
社会事务态度（分量表二）	组间	39.965	6	6.661	6.957	0.000
	组内	1294.514	1352	0.957		
	全体	1334.479	1358			
关心时事态度（分量表三）	组间	71.104	6	11.851	10.054	0.000
	组内	1593.611	1352	1.179		
	全体	1664.715	1358			

$*P < 0.05$　　$**P < 0.01$

由表 5 - 6 可知，媒体接触的频率不同，其公众参与态度呈显著差异。这一研究假设不仅在公众参与态度的总量表中得以体现，在其三个分量表中也都存在。进一步分析可知，在过去半年里，平均每周使用媒体来获知时事和新闻的次数为几乎没有的为138 人，其公众参与态度的平均得分为 5.03；为 5 次（含）以下的有 454 人，其公众参与态度的平均得分为 5.50；为 6—10 次的有 454 人，其公众参与态度平均得分为 5.65；为 11—15 次的有105 人，其公众参与态度的平均得分为 5.70；为 16—20 次的有53 人，其公众参与态度的平均得分为 5.77；为 21—25 次的有 35人，其公众参与态度的平均得分为 5.78；为 26 次（含）以上的有 120 人，其公众参与态度的平均得分为 5.64。结论显示，媒体接触频率越高，其公众参与态度越积极。

四　媒体接受程度与公众参与态度之间的关系

媒体接受程度的不同，其公众参与态度之间是否有显著差异，本书根据文献分析如第三章第二节所述，提出了研究假设H2d：对媒体的接受度不同，公众参与态度存在差异。采用相关分析的方法对该假设进行了验证。

表 5 - 7　　　　媒体接受程度与公众参与态度的相关分析

题　项		公众参与态度	公共事务态度	社会事务态度	关心时事态度
媒体接受程度	Pearson 相关	- 0. 148**	- 0. 135**	- 0. 149**	- 0. 093**
	Sig. （2 - tailed）	0. 000	0. 000	0. 000	0. 001
	样本数	1359	1359	1359	1359

＊＊Correlation is significant at the 0. 01 level (2 - tailed)

由表 5 - 7 可知，假设成立。媒体接受程度不仅与公众参与态度有显著差异，且这种差异在三个分量表中均有表现。进一步分析可知，对媒体报道的时事和新闻的内容表示全部接受的为53 人，其公众参与态度的平均得分为 5. 54；表示部分接受的为896 人，其公众参与态度的平均得分为 5. 68；对其内容的接受表态无所谓的为 243 人，其公众参与态度的平均得分为 5. 14；表示部分不接受的为 154 人，其公众参与态度的平均得分为 5. 47；表示完全不接受的为 13 人，其公众参与态度的平均得分为4. 93。由此可见，"爱也好，恨也好，不要不在乎"这句老话在公众参与的媒体接受程度中依然有表现。部分接受的人和部分不接受的人因为其怀疑精神其要在公众参与过程中予以印证，因此其参与态度反而更积极，而完全接受的人，因为其接受程度高，所以其参与动力也强。由此可见，媒体的公信力和其让公众的接受程度，在整个公众参与过程中还是处于比较重要的位置。

五　媒体关注程度与公众参与态度之间的关系

媒体关注程度与其公众参与态度直接有无相关性，本书根据第三章第二节的文献综述分析进行了研究假设 H2e：对媒体的关注度不同，公众参与态度存在差异。并采用相关分析来对这两个变量的研究假设进行验证。

表 5 – 8   媒体关注程度与公众参与态度的相关分析

	题 项	公众参与态度	公共事务态度	社会事务态度	关心时事态度
媒体接受程度	Pearson 相关	– 0.231 **	– 0.216 **	– 0.173 **	– 0.256 **
	Sig. (2 – tailed)	0.000	0.000	0.000	0.000
	样本数	1359	1359	1359	1359

＊ ＊ Correlation is significant at the 0.01 level (2 – tailed)

由表 5 – 8 可知，媒体关注程度不同，其公众参与态度存在显著差异这一研究假设成立，并且在其公众参与态度的三个分量表中都存在显著差异。进一步分析可知，对于媒体报道的时事或新闻关注程度为非常注意的为 125 人，其公众参与态度的平均得分为 5.78；注意的为 767 人，其公众参与态度的平均得分为 5.69；无所谓的为 319 人，其公众参与态度的平均得分为 5.34；不注意的为 127 人，其公众参与态度的平均得分为 5.17；非常不注意的为 21 人，其公众参与态度的平均得分为 4.35。由此可见，对媒体关注程度越高，其公众参与态度越积极，当公众表现出对媒体的不关注和漠视时，其公众参与态度也非常不积极。公众积极关注媒体，主动了解公共事务和社会事务的发展动态，就表现出其参与态度的积极主动。

第四节　个人基本属性与公众参与态度的关系

本书的个人基本属性主要是指不同个体的人口统计变量，包括性别、年龄、教育程度、职业、婚姻状况、月收入、居住时间和政治面貌。了解不同个体差异对公众参与态度有何影响。

一　性别与公众参与态度之间的关系

根据本书第三章第二节的假设 H3a：性别不同，公众参与态度存在差异。本书对性别和公众参与态度之间的关系进行了 T 检定。研究结果如表 5-9 所示，结果表明男女性别不同，其公众参与态度有显著差异，这一结果与萧扬基的研究结论完全一致，该假设得以验证。

在公众参与的分量表中，男女性对于公共事务态度和社会事务态度均有显著差异，但是在关心时事方面并没有显著差异。被试中 674 人为男性，685 人为女性，其中男性公众参与态度的平均得分为 5.48，女性为 5.61。结论显示女性比男性的公众参与态度更为积极，而且进一步研究发现，女性在公众参与的三个分量表中的平均得分均高于男性。在与被试的深度访谈中我们发现，男性大多把时间集中于事业发展，而女性则更集中于家庭建设，更热衷于邻里交往，为了所居住环境的和谐舒适，女性更关注社会事务和公共事务的信息，其特别在社区建设等方面表现出非常积极的态度。

表 5-9　　　　　男女性公众参与态度得分 T 检定

量表名称	T 值	P 值
公众参与态度 （总量表）	-2.497	0.013
公共事务态度 （分量表一）	-2.057	0.040
社会事务态度 （分量表二）	-3.098	0.002
关心时事态度 （分量表三）	-0.640	0.522

* P < 0.05　　* * P < 0.01

二　年龄与公众参与态度之间的关系

年龄的大小不同，其公众参与态度是否有显著差异，本书在第三章第二节通过文献分析，提出研究假设 H3b：年龄不同，公众参与态度存在差异。运用方差分析对这一研究假设进行检验，得到如表 5-10 的结论。

表 5 - 10　　　　　年龄与公众参与态度的 ANOVA 分析

量表名称	变异来源	离均差平方和（SS）	自由度（DF）	均方（MS）	F 值	P 值
公众参与态度（总量表）	组间	15.373	5	3.075	3.612	0.003
	组内	1151.813	1353	0.851		
	全体	1167.186	1358			
公共事务态度（分量表一）	组间	10.651	5	2.130	1.766	0.117
	组内	1631.690	1353	1.206		
	全体	1642.341	1358			
社会事务态度（分量表二）	组间	20.849	5	4.170	4.295	0.001
	组内	1313.630	1353	0.971		
	全体	1334.479	1358			
关心时事态度（分量表三）	组间	12.494	5	2.499	2.046	0.070
	组内	1652.220	1353	1.221		
	全体	1664.715	1358			

＊P＜0.05　　＊＊P＜0.01

　　由 5 - 10 可知，年龄与公众参与态度存在显著差异，研究假设成立。而这一显著差异主要体现在社会事务态度上面的显著差异，在公共事务上和关心时事态度上并没有表现出显著差异。进一步分析得到，年龄为 19 岁（含）以下的为 111 人，其公众参与态度平均得分为 5.39；年龄为 20—29 岁的为 532 人，其公众参与态度平均得分为 5.48；年龄为 30—39 岁的为 458 人，其公众参与态度平均得分为 5.66；年龄为 40—49 岁的为 205 人，其公众参与态度平均得分为 5.62；年龄为 50—59 的为 40 人，其公众参与态度平均得分为 5.43；年龄为 60 岁（含）以上的为 13 人，其公众参与态度平均得分为 5.06；这一研究结果显示，30—39 岁这一年龄阶段的公众参与态度更为积极，这与中国古语三十而立有非常重要的关系，30—39 岁正是人生的事业、家庭各方面都齐头并进地进行建设的阶段，而这些当然需要依托这个社会环境，于是他们就更加关注社会各方面的动态，对社会事务和公共事务态度更为积极。40—49 岁也是人生事业的高峰阶段，事业的发展与整个社会的宏观微观环境都息息相关，所以他们也更为关注整个社会发展，公众参与态度积极。我们可以看出，越是处于时代中流砥柱的年龄层，其公众参与的态度就更为积极，这和他们正活跃在这一时代的历史舞台有直接关系。

三 教育程度与公众参与态度之间的关系

教育程度的高低不同，其公众参与态度是否有显著差异，本书在第三章第二节通过文献分析，提出研究假设 H3c：教育程度不同，公众参与态度存在差异。运用方差分析对这一研究假设进行检验，得到如表 5 – 11 的结论。

表 5 – 11　　教育程度与公众参与态度的 ANOVA 分析

变量名称	初中（含）以下 n = 123	高中（职）n = 220	专科或本科 n = 792	研究生（含）以上 n = 224	F 值	Sig.
	均值					
公众参与态度	5.214	5.228	5.607	5.831	17.308	0.000
公共事务态度	5.170	5.040	5.610	5.870	21.868	0.000
社会事务态度	5.410	5.420	5.800	6.020	14.490	0.000
关心时事态度	4.823	4.985	5.185	5.381	6.829	0.000

由表 5 – 11 可知，教育程度不同，其公众参与态度存在显著差异，且在公众参与的三个分量表中这种显著差异均存在，假设得以验证。进一步分析其各项指标的平均数可以发现，教育程度越高，其公众参与态度就越积极，得分越高，且这一结果在各分量表中均有体现。产生这一结果的原因和教育程度的不同，对其公众参与事务的认知能力就不尽相同，总体来说，其对该事务认

识越清楚，越愿意参与，对自己不懂的事情大家有畏难心理，从而影响了其参与的态度。因此政府要提升公众的参与态度，可以从提升其教育程度来着手。

四 职业与公众参与态度之间的关系

不同职业的选择，其公众参与态度是否存在显著差异，本书在第三章第二节通过文献分析，提出研究假设 H3d：职业不同，公众参与态度存在差异。运用 ANOVA 分析对这一研究假设进行检验，得到如表 5 - 12 的结论。

表 5 - 12　　　　职业与公众参与态度的 ANOVA 分析

量表名称	变异来源	离均差平方和（SS）	自由度（DF）	均方（MS）	F 值	P 值
公众参与态度（总量表）	组间	49.612	9	5.512	6.654	0.000
	组内	1117.574	1349	0.828		
	全体	1167.186	1358			
公共事务态度（分量表一）	组间	78.631	9	8.737	7.537	0.000
	组内	1563.710	1349	1.159		
	全体	1642.341	1358			
社会事务态度（分量表二）	组间	42.337	9	4.704	4.911	0.000
	组内	1292.142	1349	0.958		
	全体	1334.479	1358			
关心时事态度（分量表三）	组间	47.081	9	5.231	4.362	0.000
	组内	1617.634	1349	1.199		
	全体	1664.715	1358			

＊ $P < 0.05$　　＊＊ $P < 0.01$

由表 5 - 12 可知，职业不同，其公众参与态度有显著差异，且这一显著差异在公众参与态度的三个分量表中均有体现。进一步分析可知，职业为公务员、军人、教师的为 204 人，其公众参与态度的平均得分为 5.454；农牧渔业为 9 人，其公众参与态度的平均得分为 5.311；制造业为 88 人，其公众参与态度的平均得分为 5.098；服务业为 191 人，其公众参与态度的平均得分为 5.186；商业为 204 人，其公众参与态度的平均得分为 5.025 分；自由业为 127 人，其公众参与态度的平均得分为 4.973；学生为 288 人，其公众参与态度的平均得分为 5.148；退休为 13 人，其公众参与态度的平均得分为 4.892；失业为 36 人，其公众参与态度的平均得分为 4.433；其他行业为 199 人，其公众参与态度的平均得分为 5.220。在众多职业中，公务员、军人和教师的公众参与态度最高，这可能与这些行业对公众参与信息了解程度更高、其职业内容与公共事务更相关有关系。

五　婚姻状况与公众参与态度之间的关系

婚姻状况的不同，其公众参与态度是否有显著差异，本书在第三章第二节通过文献分析，提出研究假设 H3e：婚姻状况不同，公众参与态度存在差异。运用方差分析对这一研究假设进行检验，得到如表 5 - 13 的结论。

表 5 - 13　　婚姻状况与公众参与态度的 ANOVA 分析

变量名称	未婚 $n=123$	已婚（无小孩）$n=220$	已婚（有小孩）$n=792$	离异 $n=224$	F 值	Sig.
	均值					
公众参与态度	5.470	5.460	5.620	5.720	3.372	0.018
公共事务态度	5.480	5.370	5.580	5.800	2.755	0.041
社会事务态度	5.650	5.690	5.820	6.000	3.852	0.009
关心时事态度	5.100	5.060	5.230	5.070	2.007	0.111

由表 5 - 13 可知，婚姻状况不同，其公众参与态度存在显著

差异，这一显著差异主要在公共事务和社会事务上体现。进一步分析可知，公众参与态度最积极的是离异者，其次是已婚有小孩，再次是未婚，最后是已婚无小孩。这可能是与离异者经历了婚姻和忙碌的家庭生活之后重新恢复到单身对社会有了不一样的认知，同时其空余时间更多。而已婚有小孩的人士通常因为小孩的原因更加关注社会事务和公共事务，尤其更加关注社区的发展和建设问题，所以其参与态度更加积极。而已婚无小孩的人士则更多地沉迷于二人世界，所以对公众参与的态度显得就不那么积极。

六　月收入与公众参与态度之间的关系

收入状况是其公众参与过程中的财力保障，那这一因素是否对公众参与态度有显著差异，本书在第三章第二节通过文献分析，提出研究假设 H3f：月收入不同，公众参与态度存在差异。运用 ANOVA 分析对这一研究假设进行检验，得到如表 5 - 14 的结论。

表 5 - 14　　月收入与公众参与态度的 ANOVA 分析

量表名称	变异来源	离均差平方和（SS）	自由度（DF）	均方（MS）	F 值	P 值
公众参与态度（总量表）	组间	3.314	4	0.828	0.964	0.426
	组内	1163.872	1354	0.860		
	全体	1167.186	1358			
公共事务态度（分量表一）	组间	4.878	4	1.219	1.008	0.402
	组内	1637.463	1354	1.209		
	全体	1642.341	1358			
社会事务态度（分量表二）	组间	3.466	4	0.866	0.881	0.474
	组内	1331.013	1354	0.983		
	全体	1334.479	1358			

续表

量表 名称	变异 来源	离均差平方和 （SS）	自由度 （DF）	均方 （MS）	F 值	P 值
关心时事态度 （分量表三）	组间	4.926	4	1.232	1.005	0.404
	组内	1659.789	1354	1.226		
	全体	1664.715	1358			

＊P＜0.05　＊＊P＜0.01

通过表5-14可知，月收入状况不同，其公众参与态度并无显著差异，这一结论在公众参与态度的三个分量表中同样适用。这表明收入状况并不会影响其公众参与态度。

七　居住时间与公众参与态度之间的关系

有人指出，如果公众在某一地区只是短暂的居住，那么对周遭环境的改善，对社会事务的关注和态度就会显得消极，而居住时间越长，其归属感越强，就会更加关注这一地区的发展和积极参与公共事务和社会事务。居住时间的长短不同，其公众参与态度是否有显著差异，本书在第三章第二节通过文献分析，提出研究假设 H3g：居住年限不同，公众参与态度存在差异。运用方差分析对这一研究假设进行检验，得到如表5-15的结论。

表5-15　　居住年限与公众参与态度的 ANOVA 分析

量表 名称	变异 来源	离均差平方和 （SS）	自由度 （DF）	均方 （MS）	F 值	P 值
公众参与态度 （总量表）	组间	18.451	5	3.690	4.346	0.001
	组内	1148.735	1353	0.849		
	全体	1167.186	1358			
公共事务态度 （分量表一）	组间	25.282	5	5.056	4.231	0.001
	组内	1617.060	1353	1.195		
	全体	1642.341	1358			

续表

量表 名称	变异 来源	离均差平方和 （SS）	自由度 （DF）	均方 （MS）	F 值	P 值
社会事务态度 （分量表二）	组间	21.088	5	4.218	4.345	0.001
	组内	1313.391	1353	0.971		
	全体	1334.479	1358			
关心时事态度 （分量表三）	组间	10.676	5	2.135	1.747	0.121
	组内	1654.038	1353	1.222		
	全体	1664.715	1358			

*P<0.05　　**P<0.01

由表 5-15 可知，居住年限不同，其公众参与态度呈现显著差异。同时，这一结论也体现在公共事务态度和社会事务态度的分量表中。进一步研究发现，居住年限为 1 年（含）以下的有 167 人，其公众参与态度的平均得分为 5.57；居住年限为 1—5 年的有 351 人，其公众参与态度的平均得分为 5.37；居住年限为 6—10 年的有 281 人，其公众参与态度的平均得分为 5.59；居住年限为 11—15 年有 166 人，其公众参与态度的平均得分为 5.69；居住年限为 16—20 年的有 132 人，其公众参与态度的平均得分为 5.50；居住年限为 20 年以上的有 262 人，其公众参与态度的平均得分为 5.55。这一研究结论与笔者在 2005 年对成都市城镇居民公众参与态度的研究时所得结论一致，结果并没有显示出居住年限越长，其公众参与态度越积极。而是居住年限在 11—15 年时，显示其公众参与态度最为积极，这可能是因为其居住时间长，归属感强，所以这一时期的人对周遭环境及其社会事务和公共事务态度最为积极。而之后更长的居住时间对这些问题就产生了一个习以为常和疲软的状态。

八　政治面貌与公众参与态度之间的关系

政治面貌的不同，其公众参与态度是否有显著差异，本书在第三章第二节通过文献分析，提出研究假设 H3h：政治面貌不同，公众参与态度存在差异。运用 ANOVA 分析对这一研究假设进行检验，得到如表 5 - 16 的结论。

表 5 - 16　　　　政治面貌与公众参与态度的 ANOVA 分析

变量名称	中共党员（含预备党员）n = 406	民主党派 n = 20	团员 n = 395	群众 n = 538	F 值	Sig.
	均值					
公众参与态度	5.730	5.260	5.540	5.420	9.081	0.000
公共事务态度	5.730	5.130	5.530	5.360	9.734	0.000
社会事务态度	5.910	5.440	5.720	5.640	6.451	0.000
关心时事态度	5.330	4.990	5.170	5.010	6.474	0.000

结果显示，政治面貌不同，其公众参与态度有显著差异，假设得到验证。且这一情况在公众参与态度的各分量表中均有体现。进一步研究发现，中共党员（含预备党员）的公众参与态度最为积极，这可能和共产党的执政党地位及其对党员的要求和思想政治教育有关，党员同志对国家的公共事务和社会事务更加热心，关注度更高，从而其公众参与态度就更加积极。其次是团员的态度较为积极。

第五节　本章小结

本章对公众参与态度到底由几个因子构成，公众参与态度与大众传媒的关系，公众态度与个人基本属性的关系均进行了假设验证，验证结果梳理如表 5 - 17 所示：

表 5 - 17　　　　　　　　　假设检定结果

研　究　假　设	实证结果
H1　公众参与态度是四维结构。	不成立
H2　公众参与态度在大众传媒方面存在差异。	成立
H2a：媒体种类不同，公众参与态度存在差异。	成立
H2b：接触传媒的时长不同，公众参与态度存在差异。	成立
H2c：接触传媒频率不同，公众参与态度存在差异。	成立
H2d：对媒体的接受程度不同，公众参与态度存在差异。	成立
H2e：对媒体的关注程度不同，公众参与态度存在差异。	成立
H3　公众参与态度在个人属性方面存在差异。	部分成立
H3a：性别不同，公众参与态度存在差异。	成立
H3b：年龄不同，公众参与态度存在差异。	成立
H3c：教育程度不同，公众参与态度存在差异。	成立
H3d：职业不同，公众参与态度存在差异。	成立
H3e：婚姻状况不同，公众参与态度存在差异。	成立
H3f：收入不同，公众参与态度存在差异。	不成立
H3g：居住年限不同，公众参与态度存在差异。	成立
H3h：政治面貌不同，公众参与态度存在差异。	成立

通过实证分析，我们得到以下结论：

一、研究发现公众参与态度由三因子构成，分别是公共事务态度、社会事务态度和关心时事态度。

二、研究发现大众传媒不同，其公众参与态度存在显著差异。在媒体种类方面，影响公众参与态度最大的是网络，其次是电视，再次是手机。在接触媒体时间方面，每天接触媒体时间为2—3 小时的其公众参与态度最为积极，其次是 1—2 小时的，再次是 1 小时以下的。在媒体接触频率方面，媒体接触频率越高，其公众参与态度越积极。在媒体接受程度方面，持有怀疑精神的部分接受和部分不接受的其公众参与态度较积极。在媒体关注程度方面，对媒体关注程度越高，其参与态度就越积极。

　　三、在个人属性方面，除了收入以外，性别、年龄、教育程度、职业、婚姻状况、居住年限和政治面貌不同，其公众参与态度均有显著差异。研究发现，女性的公众参与态度比男性更积极；30—39 岁这一年龄阶段的公众参与态度更为积极；教育程度越高，其公众参与态度就越积极；在众多职业中，公务员、军人和教师的公众参与态度最高；离异者公众参与态度更积极，其次是已婚（有小孩），再次是未婚，最后是已婚（无小孩）；居住年限在 11—15 年时，显示其公众参与态度最为积极；中共党员（含预备党员）的公众参与态度最积极。政府可根据各变量分析中的公众参与态度的积极人群来进行公共事务的参与，同时积极引导公众参与态度中立的人群，争取公众参与态度不积极的人群，从而更为科学地引导公众对公共事务的参与。

第六章　公众参与认知、态度与行为的关系验证

本章将在对公众参与认知、行为进行特征维度的界定之下，进行公众参与过程中最核心的三个因素：公众参与认知、态度与行为的关系分析。本章既深入研究公众参与认知、态度、行为三者彼此之间是什么关系，也要深入探讨公众参与态度在这一过程中起到什么作用，是直接影响关系还是中介调节影响关系还是混合关系都会得到验证。

第一节　公众参与认知的特征维度与验证分析

一　公众参与认知的探索性因子分析

通过预测试和正式测试的信效度分析可知，公众参与认知的问卷适合进行探索性因子分析。因此对 1359 份正式问卷采用最大方差主成分分析法，对公众参与认知进行探索性因子分析。探索性因子分析的结果如表 6-1 所示：

表 6-1　　　　公众参与认知的探索性因子分析结果

测 量 题 目	因子 1	因子 2	因子 3
C1 当我的公民权利遭到损害时，我知道用什么样的手段或者方式维护我的权益。	0.362	0.766	0.107
C2 在每一项与我有关的公共事务参与时，我知道应该去找哪一个政府部门。	0.249	0.828	0.220

测 量 题 目	因子1	因子2	因子3
C3 我知道在政府机关处罚不当时应向哪一级政府机关提起诉讼。	0.230	0.770	0.308
C4 我了解宪法规定的公民的基本权利有哪些。	0.623	0.381	0.289
C5 我了解作为小区的业主应该享有哪些基本权利。	0.541	0.406	0.348
C6 我了解在人大选举中，我的选举权应该如何保障。	0.516	0.398	0.285
C7 我知道怎样用法律来保护我的权益。	0.530	0.326	0.286
C8 我知道当个人权益受到侵害时，我拥有向有关部分反映情况和诉讼的权利。	0.705	0.357	0.097
C9 我了解宪法规定的公民的基本义务有哪些。	0.736	0.185	0.341
C10 我知道作为小区的业主应当负担哪些责任。	0.723	0.171	0.306
C11 政府为我们提供了合适的途径让我参与公共事务。	0.238	0.225	0.852
C12 政府或者社区为我们提供了公共事务参与的场地。	0.234	0.154	0.852
C13 我的知识水平让我有能力参与公共事务。	0.121	0.218	0.697
Cronbach's α 系数	0.845	0.888	0.743
总体一致性系数	0.925		
解释变异量（%）	26.683	22.472	18.996
总体解释变异量（%）	68.151		

由表6-1可知，公众参与认知可以分析得到三个因子，其特征值分别为6.902、1.060和0.897，累计解释方差为68.151%。可以看到旋转后的各因子负荷值，并且可以观察得知各因子负荷值均在0.5以上，表示其收敛度很好。其中题项C1—C3为第一个因子，因子2则包含C4—C10，因子3则包含C11—C13。这一因子划分和预测试的探索性因子分析所得结果一致，再次证明了公众参与认知的三因素模型。根据文献和本书设计分别对其命名为公共事务认知（指对公共事务和社会事务的基础知识的认知）、权责认知（指对在公共事务和社会事务的参与过程中应该承担哪些权利和责任的认知）和条件认知（指对公众参与应具备哪些条件的认知）。

二 公众参与认知的验证性因子分析

为了进一步验证公众参与认知在探索性因子检验时所提出的三因素模型是否有效，本书进行验证性因子分析。验证性因子分析主要采用 LISREL 18.70 进行结构方程模型的拟合。

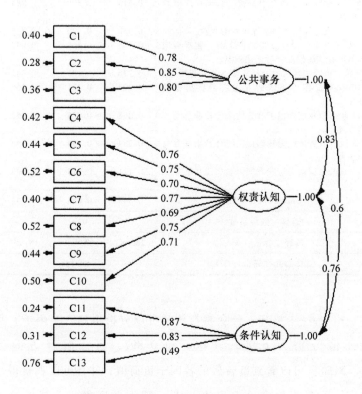

图 6－1 公众参与认知的验证性因子分析

表 6－2　公众参与认知验证性因素分析模型拟合指数

指标 χ^2	$df \dfrac{\chi^2}{df}$	GFI	AGFI	NFI	CFI	IFI	RMSEA	
评价标准	$2 < \chi^2 < 5$	>0.9	>0.9	>0.9	>0.9	>0.9	<0.08	
验证模型	255.44	624.12	0.91	0.90	0.96	0.96	0.96	0.074

图 6－1 和表 6－2 是针对正式问卷的大样本的验证性因子分

析，验证了公众参与认知的三维度模型。从图 6-1 可知，模型的载荷因子除 C13 是约等于 0.5 外，其他系数均远大于 0.5。从表 6-2 可知，模型的各项拟合指数均达到评价标准，系数合理。说明公众参与认知的三因素模型具有较强的代表性。

第二节 公众参与行为的特征维度与验证分析

一 公众参与行为的探索性因子分析

通过预测试和正式测试的信效度分析可知，公众参与行为的问卷适合进行探索性因子分析。因此对 1359 份正式问卷采用最大方差主成分分析法，对公众参与行为进行探索性因子分析。探索性因子分析的结果如表 6-3 所示：

表 6-3　　　　公众参与行为的探索性因子分析结果

测　量　题　目	因子 1	因子 2
E1 我会阅读有关政府的宣传品和资料，以了解政府推行的各项政策。	0.288	0.738
E2 我会从报纸、电视、网络等媒体知道有关国家社会建设的发展现状。	0.108	0.856
E3 我乐于和我所认识的人讨论国家和社会最近发生的大事。	0.120	0.830
E4 我乐于利用闲暇时间参与社区或邻里举办的各种活动。	0.381	0.689
E5 无论何种选举，我都会去投票。	0.769	0.310
E6 政府重大事件举办听证会时，我鼓励亲友去投票或旁听。	0.810	0.330
E7 人大选举期间，我会与家人或朋友讨论候选人的推选。	0.859	0.198
E8 我经常参与政治活动，如参加政府听证会，给政府相关部门提意见和建议等。	0.865	0.059
Cronbach's α 系数	0.827	0.880
总体一致性系数	0.872	
解释变异量（%）	37.355	33.599
总体解释变异量（%）	70.954	

由表 6-3 可知，通过观察旋转后的各因子负荷值，可以得知各因子负荷值均在 0.5 以上，表示其收敛度很好。经过探索性

因子分析，公众参与行为可以得到两个因子，因子 1 包含 E1、E2、E3 和 E4，因为这几个因子均与社会参与行为有关，命名为"社会参与行为"。因子 2 包括 E5、E6、E7 和 E8，因为这几个因子均与政治参与行为有关，因此命名为"政治参与行为"。研究发现两个因子的特征值分别为 4.241 和 1.436，其累计总体解释变异量达到 70.954%。各因子的 Cronbach's α 系数均符合标准。且与预测试的探索性因子分析所得结论一致。

二　公众参与行为的验证性因子分析

为了进一步验证公众参与行为在探索性因子检验时所提出的两因素模型是否有效，本书进行验证性因子分析。验证性因子分析主要采用 LISREL 18.70 进行结构方程模型的拟合。

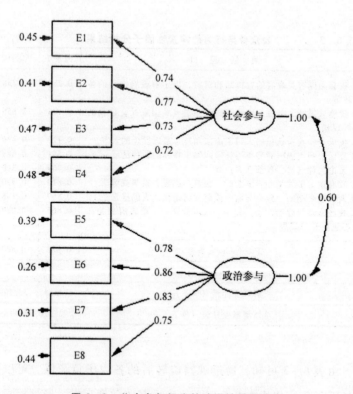

图 6-2　公众参与行为的验证性因子分析

表 6 - 4　　　　公众参与行为验证性因素分析模型拟合指数

指标	χ^2	$df\dfrac{\chi^2}{df}$	GFI	AGFI	NFI	CFI	IFI	RMSEA	
评价标准		$2 < \chi^2 < 5$	>0.9	>0.9	>0.9	>0.9	>0.9	<0.08	
验证模型	86.93	19	4.58	0.93	0.91	0.96	0.96	0.96	0.063

图 6 - 2 和表 6 - 4 是针对正式问卷的大样本的验证性因子分析，验证了公众参与行为的二维度模型。从各因素的观测指标的路径系数来看，均远大于 0.5，说明因素具有较好的代表性。从模型拟合指数来看，验证模型的各项指数均达到标准，证明公众参与行为的两因素模型拟合度好。

第三节　公众参与认知对态度的关系研究

本书对于公众参与认知对态度的关系研究采用回归分析的方法，在进行多元回归分析时必须满足线性关系、误差项的独立性、正态分布和无多重共线性。本书通过残差散点图来观察线性关系，通过 Durbin-Watson 值来诊断误差项的独立性，由标准化残差的概率累计图和残差直方图来判断其是否是正态分布，由VIF 来检验多重共线性。

在进行多元回归分析时，若存在多重共线性问题，除了反映自变量在概念上可能存在混淆关系，也影响了每一个自变量对于因变量解释力的估计。为确保变量解释力，本书将诊断多元共线性问题，以确保研究的科学性和准确性。方差膨胀因子 VIF（variance inflation factor）法是诊断多重共线性最为合适的方法，本书采用这一方法进行诊断。一般认为，当 VIF ≥ 10 时，自变量就有非常严重的多元共线性问题，不能被接受。一般认为 VIF在 1—5 之间可以接受，接近 1 为最佳。

由于随机扰动项存在序列相关时给普通最小二乘法的应用带

来了非常严重的后果，因此必须运用 Durbin-Watson 值诊断自变量误差项有无自相关的问题，当 DW 越接近 2 表示误差项自相关的问题越少，残差与自变量相互独立。

表6-5　　　公众参与认知对公众参与态度的回归分析

	未标准化回归系数		标准化回归系数	T 值	Sig.	共线性诊断	
	β	标准误差	β	—	—	容忍度	VIF
常数项	4.209	0.095	—	44.304	0.000＊＊＊	1.000	1.000
公众参与认知	0.299	0.022	0.349	11.644	0.000＊＊＊	1.000	1.000
R²		0.122					
F 值（P 值）		187.754（0.000＊＊＊）					
Durbin-Watson		1.722					

＊表示 p < 0.1；＊＊表示 p < 0.05；＊＊＊表示 p < 0.01

表6-6　　　公众参与认知对公众参与态度的多元回归分析

变量名称	公共事务态度		社会事务态度		关心时事态度		容忍度	VIF
	Beta	T 值	Beta	T 值	Beta	T 值		
公共事务认知	-0.014	-0.367	-0.034	-0.885	0.013	0.339	0.464	2.155
权责认知	0.355	8.041	0.330	7.341	0.182	4.140	0.337	2.972
条件认知	-0.02	-0.547	-0.036	-0.955	0.182	4.922	0.475	2.106
F 值	55.617	38.872	61.633	—	—			
R	0.331	0.282	0.347					
R²	0.110	0.079	0.120					
调整 R²	0.108	0.077	0.118					

＊p < 0.05，＊＊p < 0.01，＊＊＊p < 0.001

根据多元线性回归分析所需满足的四项前提假设，本书进行了相关验证。由图6-3可知，残差呈现随机分布状态，这说明公众参与态度与公众参与认知的关系符合线性关系的前提条件；从

图 6 - 4 残差直方图和图 6 - 5 标准化残差的概率累计图可以判断，残差基本符合正态分布；据表 6 - 5 可知，自变量的容许度为 1，VIF 为 1，这表明自变量之间无多重共线性的问题。同时通过观测可知，Durbin-Watson 值 = 1.722，符合其误差无自相关的判断标准。

从表 6 - 5 公众参与认知对公众参与态度的回归分析中可见，回归方程能解释总变异的值 12.2%，回归的 F 值为 187.754（0.000 ＊ ＊ ＊），这说明整体回归模型达到显著性水平。通过观察标准化回归系数，则可以得知公众参与认知对参与态度有正面的影响，当公众的认知水平越高的时候，其公众参与态度越积极，H4a：公众参与认知对公众参与态度有显著正向影响作用，得到检验，假设成立。而由表 6 - 6 的进一步分析可以得知，公众参与认知对公众参与态度的正向影响作用主要是通过其权责认知对公众参与态度各变量的正向影响，同时条件认知对关心时事态度也有正向影响。

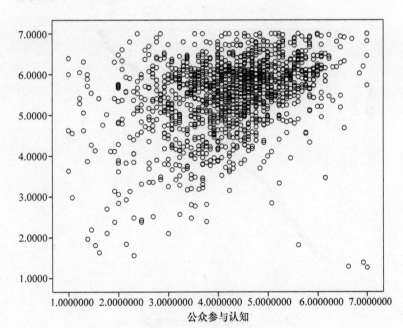

图 6 - 3　残差散点图

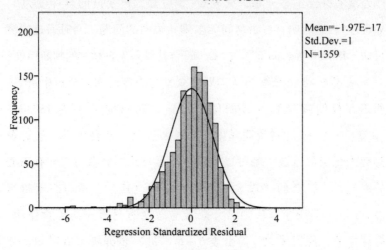

图 6 - 4　残差直方图

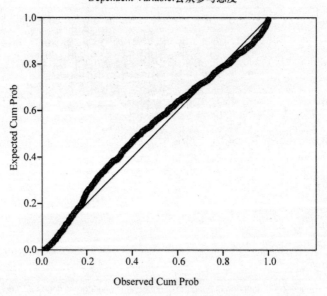

图 6 - 5　标准化残差的概率累计图

第四节 公众参与态度对行为的关系研究

本书运用回归的方法来探讨公众参与态度对公众参与行为的影响作用，对假设 H4b：公众参与态度对公众参与行为有显著正向影响作用进行检验。

表 6 - 7　　公众参与态度对公众参与行为的回归分析

	未标准化回归系数		标准化回归系数	T 值	Sig.	共线性诊断	
	β	标准误差	β	—	—	容忍度	VIF
常数项	0.048	0.091	—	0.532	0.000 * * *	—	—
公众参与态度	0.412	0.086	0.360	4.799	0.000 * * *	1.000	1.000
R^2	0.129						
F 值（P 值）	23.028（0.000 * * *）						
Durbin-Watson	1.855						

* 表示 p < 0.1；* * 表示 p < 0.05；* * * 表示 p < 0.01

根据多元线性回归分析所需满足的四项前提假设，本书进行了相关验证。从图 6 - 7 残差直方图和图 6 - 8 标准化残差的概率累计图可以看出，残差基本符合正态分布；由图 6 - 6 可知，残差呈随机分布状态，这说明公众参与态度与公众参与行为的关系符合线性关系的前提条件；由表 6 - 7 可知，自变量的容许度为1，VIF 为 1，这表明自变量之间无多重共线性的问题；而对Durbin-Watson 值进行检定，获得值为 1.855，符合误差项无自相关的问题的判断标准。

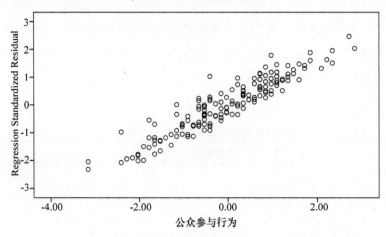

图 6 - 6　残差散点图

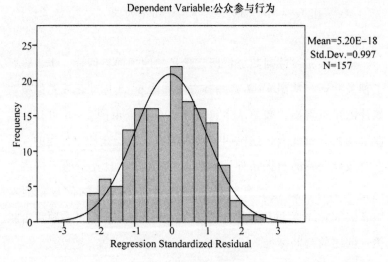

图 6 - 7　残差直方图

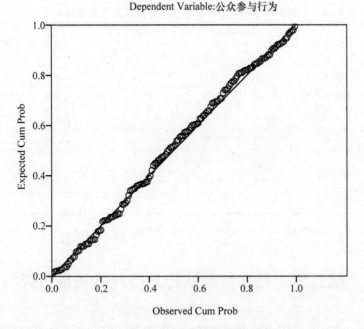

图 6 - 8 标准化残差的概率累计图

从表 6 - 7 公众参与态度对公众参与行为的回归分析中我们可以观测到，回归方程解释总变异值达到 36%，其回归的 F 值为 23. 028（0. 000 ＊ ＊ ＊），这说明整体回归模型达到显著性水平。标准化回归系数则表明公众参与态度对参与行为有正面的影响，当公众的态度越积极的时候，其公众参与行为则越积极，H4b：公众参与态度对公众参与行为有显著正向影响作用，得到检验，假设成立。而由表 6 - 8 的进一步分析可以得知，在具体的分量表中，关心时事态度对政治参与行为有显著的正向影响，公共事务态度和关心时事态度对社会参与行为有显著正向影响作用，而社会事务态度对政治参与行为有显著反向影响，因为社会事务态度积极的其关注点就在社会事务上，对政治事务的关注就相对减少，因此就有了抑制作用。

表6-8　　公众参与态度对公众参与行为的多元回归分析

变量名称	社会参与行为		政治参与行为		容忍度	VIF
	Beta	T 值	Beta	T 值		
公共事务态度	0.163	5.119	0.009	0.230	0.409	2.442
社会事务态度	0.040	1.177	-0.310	-7.801	0.344	2.909
关心时事态度	0.489	17.505	0.541	16.693	0.658	1.520
F 值	290.003	97.381	—	—		
R	0.625	0.421	—	—		
R^2	0.391	0.177	—	—		
调整 R^2	0.390	0.176	—	—		

注：＊p<0.05，＊＊p<0.01，＊＊＊p<0.001

第五节　公众参与认知对行为的关系研究

本书运用回归的方法来探讨公众参与认知对公众参与行为的影响作用，对假设 H4c：公众参与认知对公众参与行为有显著正向影响作用进行检验。

表6-9　　公众参与认知对公众参与行为的回归分析

	未标准化回归系数		标准化回归系数	T 值	Sig.	共线性诊断	
	β	标准误差	β	—	—	容忍度	VIF
常数项	-0.063	0.082	—	-0.762	0.447		
公众参与态度	0.502	0.072	0.489	6.987	0.000	1.000	1.000
R^2				0.240			
F 值（P值）				48.814（0.000＊＊＊）			
Durbin-Watson				1.785			

＊表示 p<0.1；＊＊表示 p<0.05；＊＊＊表示 p<0.01

　　根据多元线性回归分析所需满足的四项前提假设，本书进行了相关验证。由图6-9可知，残差呈现出随机分布状态，这说明公众参与认知与公众参与行为的关系符合线性关系的前提条件；从图6-10残差直方图和图6-11标准化残差的概率累计图可以看出，残差基本符合正态分布；表6-9显示，进入回归方程自变量的容许度为1，VIF为1，这表明自变量之间无多重共线性的问题；观测 Durbin-Watson 值发现，其值为1.785，符合要接近2这一判断标准，可以得出结论误差项无自相关的问题。

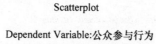

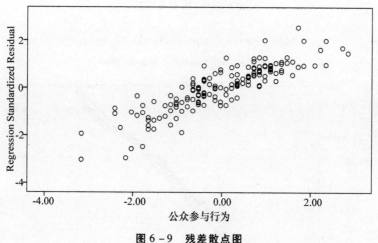

图6-9　残差散点图

　　从表6-9公众参与认知对公众参与行为的回归分析中我们可以知道，回归方程能解释总变异值为48.9%，同时回归的F值为23.028（0.000＊＊＊），以上数据表明整体回归模型达到显著性水平。通过标准化回归系数，我们则可以发现公众参与认知对参与行为有正面的影响，当公众的认知水平越高的时候，其公众参与行为则越积极，H4c：公众参与认知对公众参与行为有

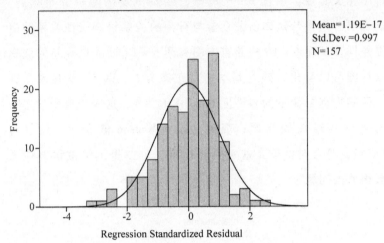

图 6 – 10　残差直方图

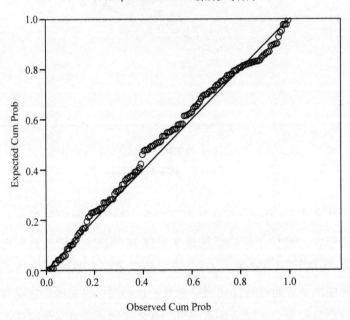

图 6 – 11　标准化残差的概率累计图

显著正向影响作用，得到检验，假设成立。而由表 6 - 10 的进一步分析可以得知，在具体的分量表中，公共事务认知、权责认知以及条件认知对社会参与行为均有显著正向影响作用，而公共事务认知和条件认知两个分量表则对政治参与行为有显著的正向影响。

表 6 - 10　公众参与认知对公众参与行为的多元回归分析

变量名称	社会参与行为		政治参与行为		容忍度	VIF
	Beta	T 值	Beta	T 值		
公共事务认知	0.142	4.056	0.171	4.728	0.479	2.088
权责认知	0.238	5.794	- 0.031	- 0.725	0.373	2.683
条件认知	0.16	4.647	0.321	8.95	0.511	1.956
F	136.923	95.649	—	—		
R	0.482	0.418	—	—		
R^2	0.233	0.175	—	—		
调整 R^2	0.231	0.173	—	—		

$* p < 0.05$，$* * p < 0.01$，$* * * p < 0.001$

第六节　公众参与态度的中介作用检验

公众参与态度在整个公众参与的认知到行为的过程之中到底起到什么作用，是中介作用还是调节作用，这就需要对中介变量和调节变量进行比较，本书采用温忠麟的对比结论。本书的第三节和第四节已经通过实证充分证明了，公众参与态度与公众参与认知和公众参与行为的相关性都非常强，因此不符合调节变量的要求。应优先考虑其在二者之间的中介作用。同时由第二章的第二、三、四节的文献也可知，众多学者们都验证了公众参与态度与行为的关系，也有少数学者验证了公众参与认知与态度或者行为的关系，而理性的调节变量应该是和自变量与因变量的相关性都不大。温忠麟、侯杰泰对调节变量与中介变量进行了对比，发现调节变量中 M 与 X、Y 的相关可以显著或不显著，其中不显著为较理想的情况。而中介变量 M 与 X、Y 的相关都显著；调节变量作用下 X 对 Y 的影响非常不稳定，而中介变量 M 作用下 X 对 Y 的影响较强且稳定，调节变量的典型模型是 $Y = aX + bM + cXM + e$，而中介变量的模型是 $M = aX + e_2$ $Y = c'X + bM + e_3$。因此通过以上对比以及前文的验证，本书首先考察公众参与态度在公众参与认知和行为之间的中介关系。

Baron（1986）年指出中介变量是该变量的介入以后能够更加清晰地说明自变量和因变量之间的关系。简言之，即自变量是通过中介变量对因变量产生作用的。中介变量作用分为完全中介作用和部分中介作用两种。如果控制了中介作用，此时自变量对因变量的影响降低为 0，这说明是完全中介作用。如果控制了中介作用，此时自变量对因变量的影响不为 0，则表示该情况为部分中介作用。

对于中介作用的检验主要采用如下三个步骤：首先是通过中介变量对自变量进行分析，其观测系数需达到显著水平。然后是因变量对自变量进行回归分析，其观测系数需达到限制水平。最后，让因变量对自变量，因变量对中介变量，同时进行分析，并建立一个中介的模型。观察其中介变量的系数是否达到显著水平。如果中介变量系数显著，而自变量的观测系数下降，就表明中介变量在该模型中存在中介作用。对于到底是完全中介效应还是部分中介效应，主要观测最后一步的自变量系数，若系数下降，呈不显著状态，即是完全中介效应。若自变量系数下降程度小，且存在显著水平，即是部分中介变量，此时就表明，自变量一方面自己本身对因变量有影响作用；另一方面通过中介作用对因变量产生影响作用。

根据以上检验方法，依次对公众参与认知（自变量 X）→

公众参与态度（中介变量 F）→公众参与行为（因变量 Y）进行检验，检验结果如表 6－11 所示：

表 6－11　　　　　　公众参与态度中介效应的依次检验

	标准化回归方程	回归系数检验	
第一步	$Y = 0.489X$	SE = 0.072	T = 6.987
第二步	$F = 0.349X$	SE = 0.022	T = 13.702
第三步	$Y = 0.412X + 0.155F$	SE = 0.082	T = 5.160
		SE = 0.092	T = 1.943

　　研究结果显示，前面三步的 T 值都是非常显著的，这说明该中介模型中，公众参与态度的中介作用是存在的，而最后一步的 T 值不显著，则说明该中介作用是完全中介作用。即在本章第五节中所验证得到的结论公众参与认知对公众参与行为有显著的正向影响关系，实际上是完全通过公众参与态度的中介作用产生的影响。据此，H4d：公众参与态度在公众参与认知和行为之间具有中介作用；H4d1：公众参与态度在公众参与认知和行为之间具有完全中介作用；H4d2：公众参与态度在公众参与认知和行为之间具有部分中介作用全部得到检验，H4d 和 H4d1 假设成立，而 H4d2 的假设不成立。因此，我们可以说公众参与认知是通过公众参与态度来影响公众参与行为的。

第七节　本章小结

　　本章对公众参与认知、态度和行为之间的关系进行了一一检验，检验结果归纳总结如表 6－12 所示：

表 6 - 12 假设检定结果

研究假设	实 证 结 果	实证结果
H4a	公众参与认知对公众参与态度有显著正向影响作用	成立
H4b	公众参与态度对公众参与行为有显著正向影响作用	成立
H4c	公众参与认知对公众参与行为有显著正向影响作用	成立
H4d	公众参与态度在公众参与认知和行为之间具有中介作用	成立
	H4d1：公众参与态度在公众参与认知和行为之间具有完全中介作用	成立
	H4d2：公众参与态度在公众参与认知和行为之间具有部分中介作用	不成立

通过对公众参与认知、态度和行为的关系进行实证分析，我们可以得到如下结论：

一、公众参与认知是由三维度构成的。分别为公共事务认知、权责认知和条件认知。

二、公众参与行为是两维度构成的。分别是社会参与行为和政治参与行为。

三、公众参与认知对公众参与态度有显著正向影响作用，公众参与态度对公众参与行为有显著正向影响。

四、公众参与认知对公众参与行为的正向影响是通过公众参与态度的中介作用体现出来的。公众参与态度在公众参与认知和行为中间起到完全中介的作用。根据公众参与三个重要变量之间的验证结论，我们可以得到公众参与过程三个重要变量的路径模型如图 6 - 12。

图 6 - 12 公众参与认知、态度和行为的路径分析图

第七章 心理资本与公众参与认知、态度、行为的关系检验

第一节 心理资本的特征维度与验证分析

一 心理资本的探索性因子分析

通过预测试和正式测试的信效度分析可知，心理资本的问卷适合进行探索性因子分析。因此对 1359 份正式问卷采用最大方差主成分分析法，对心理资本变量进行探索性因子分析。探索性因子分析的结果如表 7 - 1 所示：

表 7 - 1　　　　　　心理资本的探索性因子分析结果

测 量 题 目	因子 1	因子 2
F1 我相信自己有分析公共事务问题的能力，并找到解决方案。	0.802	0.230
F2 在公共事务问题的讨论中，我能自信地陈述自己的观点。	0.828	0.245
F3 我相信能提出对政府或社区发展有益的建议。	0.831	0.257
F4 我相信能够制定自己公共事务参与的目标。	0.801	0.340
F5 我相信自己为完成公共事务有能力与社区民众或政府联系并讨论问题。	0.792	0.342
F6 我相信自己能向一群公众陈述公共事务信息。	0.776	0.330
F7 如果我在公共事务的工作中陷入困境，我能想出很多办法走出困境。	0.323	0.741
F8 目前，我认为自己在公共事务的参与中非常成功。	0.206	0.793
F9 我能想出很多办法来实现我的公众参与目标。	0.301	0.803
F10 目前，我正在达成为自己设定的公众参与目标。	0.157	0.832
F11 在公众参与中，我无论如何都会去解决遇到的难题。	0.329	0.766
F12 在公众参与中，如果不得不去参与，我能独立应战。	0.390	0.646
F13 在参与过程中，我感觉自己能同时处理很多事务。	0.412	0.700
F14 对自己的参与事务，我总是看到其光明的一面。	0.368	0.587

测　量　题　目	因子 1	因子 2
Cronbach's α 系数	0.930	0.909
总体一致性系数	0.941	
解释变异量（%）	35.723	32.281
总体解释变异量（%）	68.004	

由表 7 - 1 可知，心理资本可以分析得到两个因子，其特征值分别为 5.001 和 4.519，累计解释方差为 68.004%。可以看到旋转后的各因子负荷值，并且可以观察得知各因子负荷值均在 0.5 以上，表示其收敛度很好。其中题项 F1—F6 为第一个因子，因子 2 则包含 F7—F14。这一因子划分和预测试的探索性因子分析所得结果一致，再次证明了公众参与认知的两因素模型。根据文献和本书设计分别对其命名为自我效能（指拥有表现和付出必要努力、成功完成具有挑战性的任务的自信）和积极乐观。

二　心理资本的验证性因子分析

为了进一步验证心理资本在探索性因子时所提出的两因素模型是否有效，本书进行验证性因子分析。验证性因子分析主要采用 LISREL 18.70 进行结构方程模型的拟合。

表 7 - 2　　　　　**心理资本验证性因素分析模型拟合指数**

指标	χ^2	$df \dfrac{\chi^2}{df}$	GFI	AGFI	NFI	CFI	IFI	RMSEA
评价标准		$2 < \chi^2 < 5$	>0.9	>0.9	>0.9	>0.9	>0.9	<0.08
验证模型	278.92	76　　3.67	0.94	0.91	0.96	0.96	0.96	0.061

图 7 - 1 和表 7 - 2 是针对正式问卷的大样本的验证性因子分析，验证了心理资本的二维度模型。从图 7 - 1 可知，模型的所有载荷因子系数均远大于 0.5。从表 7 - 2 可知，模型的各项拟

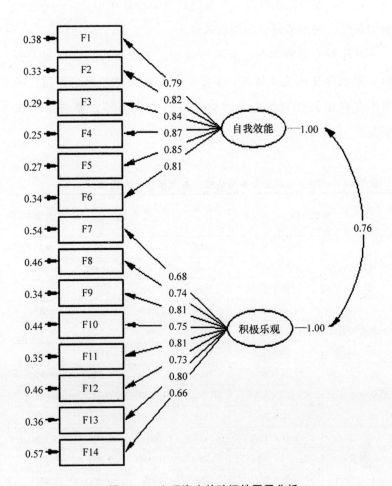

图 7 - 1　心理资本的验证性因子分析

合指数均达到评价标准，系数合理。说明心理资本的两因素模型
具有较强的代表性。

第二节　心理资本对公众参与过程
各变量的关系研究

心理资本在公众参与过程中到底起到什么作用，它与公众参

与的认知、参与的态度以及参与的行为是否存在相关性，是怎样的相关性，是本节研究的重点内容。

首先对心理资本对公众参与认知、态度和行为进行相关分析，如果存在相关性则进一步分析其存在怎样的影响作用，如果不存在相关性则他们之间就没有影响作用不需要再进一步研究。

表7－3　心理资本对公众参与认知、态度和行为的相关分析

变量名称		公众参与认知	公众参与态度	公众参与行为	心理资本
公众参与认知	Pearson 相关	1.000	0.349＊＊	0.489＊＊	0.245＊＊
	Sig.（2－tailed）	0.000	0.000	0.000	0.000
	样本数	1359	1359	1359	1359
公众参与态度	Pearson 相关	0.349＊＊	1.000	0.360＊＊	0.200＊＊
	Sig.（2－tailed）	0.000	—	0.000	0.000
	样本数	1359	1359	1359	1359
公众参与行为	Pearson 相关	0.489＊＊	0.360＊＊	1.000	0.004
	Sig.（2－tailed）	0.000	0.000	—	0.957
	样本数	1359	1359	1359	1359
心理资本	Pearson 相关	0.245＊＊	0.200＊＊	0.004	1.000
	Sig.（2－tailed）	0.000	0.000	0.957	—
	样本数	1359	1359	1359	1359

＊＊Correlation is significant at the 0.01 level（2－tailed）

由表7－3可知，心理资本只对公众参与的认知和态度具有相关作用，而对公众参与行为没有相关性，因此我们进一步将详细分析它在公众参与认知和态度中所起的作用。这就直接验证了H5c心理资本对公众参与行为有显著正向影响作用是不成立的。同时，根据中介变量的含义和验证的前提条件可知，中介变量与自变量和因变量的相关都要显著。心理资本在公众参与态度和公

众参与行为的过程中不具有中介作用，因为心理资本对公众参与行为无关，则无须进行中介作用检定，不符合中介变量的检定前提条件。

一　心理资本对公众参与认知的关系研究

本书运用多元回归的方法来探讨心理资本对公众参与认知的影响作用，对假设 H5a：心理资本对公众参与认知有显著正向影响作用进行检验。

表 7 - 4　　　心理资本对公众参与认知的回归分析

	未标准化回归系数		标准化回归系数 β	T 值	Sig.	共线性诊断	
	β	Std. Error				Tolerance	VIF
常数项	- 0.050	0.029	—	- 1.714	0.087	—	-
心理资本	0.245	0.026	0.245	9.321	0.000	1.000	1.000
R²				0.060			
F 值（P 值）				86.886（0.000＊＊＊）			
Durbin-Watson				1.984			

＊表示 p＜0.1；＊＊表示 p＜0.05；＊＊＊表示 p＜0.01

根据多元线性回归分析所需满足的四项前提假设，本书进行了相关验证。由图 7 - 2 可知，残差呈现随机分布状态，这表明心理资本与公众参与认知的关系符合线性关系的前提条件；从图 7 - 3 残差直方图和图 7 - 4 标准化残差的概率累计图可以看出，残差基本符合正态分布；表 7 - 4 显示，自变量的容许度为 1，VIF 为 1，这表明自变量之间无多重共线性的问题；Durbin-Watson 值＝1.984，与标准值 2 非常接近，这表明误差项无自相关的问题。

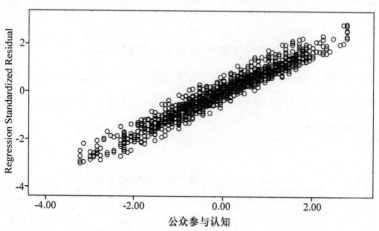

图 7 - 2　残差散点图

图 7 - 3　残差直方图

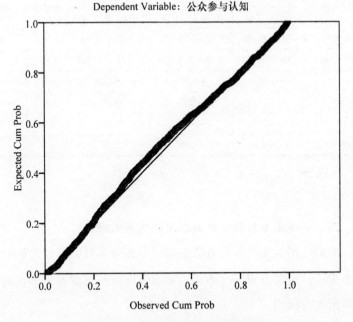

图 7 - 4 标准化残差的概率累计图

从表 7 - 4 心理资本对公众参与认知的回归分析我们可以观测出，回归方程能解释总变异的值为 6%，且回归的 F 值为 23.028（0.000 * * *），这表明整体回归模型达到显著性水平。通过标准化回归系数，我们发现心理资本对公众参与认知有正面的影响，当公众的心理状态越积极，其公众参与认知的水平则越高，H5a：心理资本对公众参与认知有显著正向影响作用，得到检验，假设成立。而由表 7 - 5 的进一步分析可以得知，在具体的分量表中，积极乐观对公众参与认知中的公共事务认知、权责认知以及条件认知均有正向影响，而自我效能则仅是对权责认知有正向影响，由此可见在分量表中积极乐观在整个正向影响中起到作用最大。

表7-5　　　心理资本对公众参与认知的多元回归分析

变量名称	公共事务认知		权责认知		条件认知		容忍度	VIF
	Beta	T 值	Beta	T 值	Beta	T 值		
自我效能	0.044	1.186	0.085	2.278	0.007	0.191	0.504	1.986
积极乐观	0.178	4.751	0.165	4.429	0.219	5.866	0.504	1.986
F	31.694		38.740		35.774		—	—
R	0.211		0.232		0.224		—	—
R^2	0.045		0.054		0.050		—	—
调整 R^2	0.043		0.053		—		—	—

$*p < 0.05$, $**p < 0.01$, $***p < 0.001$

二　心理资本对公众参与态度的关系的研究

本书运用多元回归的方法来探讨心理资本对公众参与认知的影响作用，对假设 H5b：心理资本对公众参与态度有显著正向影响作用进行检验。

表7-6　　　心理资本对公众参与态度的回归分析

	未标准化回归系数		标准化回归系数 β	T 值	Sig.	共线性诊断	
	β	Std. Error				Tolerance	VIF
常数项	-0.035	0.025	—	-1.385	0.166	—	—
心理资本	0.172	0.023	0.200	7.534	0.000	1.000	1.000
R-squared	0.040						
F 值（P 值）	56.767（0.000***）						
Durbin-Watson	1.830						

$*$ 表示 $p < 0.1$；$**$ 表示 $p < 0.05$；$***$ 表示 $p < 0.01$

根据多元线性回归分析所需满足的四项前提假设，本书进行了相关验证。由图7-5可知，残差呈随机分布状态，这表示公众心理资本与公众参与态度的关系符合线性关系的前提条件；从图7-6残差直方图和图7-7标准化残差的概率累计图可以看出，残差基本符合正态分布；表7-6显示，自变量的容许度为1，VIF为1，这表明自变量之间无多重共线性的问题；Durbin-Watson值=1.830，与标准值2较为接近，这表明误差项无自相关的问题。

从表7-6心理资本对公众参与态度的回归分析可知，回归的F值为56.767（0.000＊＊＊），回归方程能解释总变异的4%，这表示模型整体达到了非常显著的水平。而通过观测标准化回归系数则可知心理资本对公众参与态度有正面的影响，当公众的心理状态越积极，其公众参与态度就会越积极，H5b：心理资本对公众参与态度有显著正向影响作用，得到检验，假设成立。而由表7-7的进一步分析可以得知，在具体的分量表中，自我效能对公众参与态度的正向影响作用在其三个分量表即公共事务态度、社会事务态度和关心时事态度中均有体现。而积极乐观则对关心时事态度有显著正向影响作用。

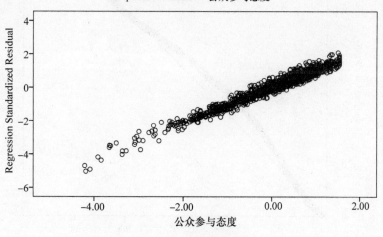

图7-5 残差散点图

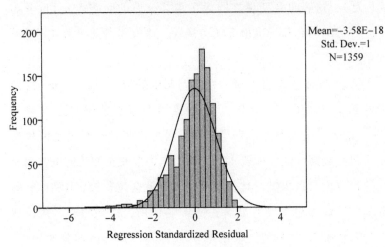

图 7 - 6　残差直方图

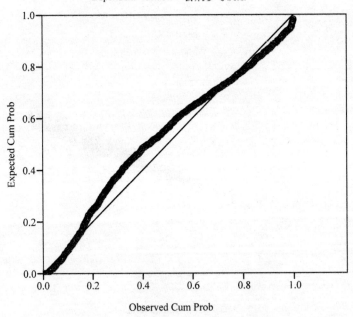

图 7 - 7　标准化残差的概率累计图

表 7-7　　　心理资本对公众参与态度的多元回归分析

变量名称	公共事务认知		权责认知		条件认知		容忍度	VIF
	Beta	T 值	Beta	T 值	Beta	T 值		
自我效能	0.261	6.976	0.250	6.680	0.145	3.878	0.504	1.986
积极乐观	-0.093	-2.474	-0.72	-1.912	0.090	2.419	0.504	1.986
F	30.248		30.064		33.869		—	—
R	0.207		0.206		0.218		—	—
R²	0.043		0.042		0.048		—	—
Adj. R²	0.041		0.041		0.046		—	—

*p < 0.05，**p < 0.01，***p < 0.001

第三节　心理资本在公众参与认知与态度间的中介作用检验

在第六章第三节中已检验公众参与认知对公众参与态度呈显著正相关的影响作用，而在公众参与认知对公众参与态度的影响中，心理资本是否起到中介作用，本节将采用温忠麟等人总结的中介效应检验办法进行验证[①]，检验顺序依次为公众参与认知（自变量 X）→心理资本（中介变量 F）→公众参与态度（因变量 Y），检验结果如表 7-8 所示。

表 7-8　　　　心理资本中介效应的依次检验

	标准化回归方程	回归系数检验	
第一步	$Y = 0.349X$	SE = 0.022	T = 13.702
第二步	$F = 0.245X$	SE = 0.026	T = 9.321
第三步	$Y = 0.3X + 0.118F$	SE = 0.022 SE = 0.022	T = 11.408 T = 4.512

①　温忠麟、侯杰泰、张雷：《调节效应与中介效应的比较和应用》，《心理学报》2005 年第 37 期。

检验结果显著，中介变量心理资本对自变量公众参与认知的观测系数显著，因变量公众参与态度对自变量公众参与认知的观测系数显著，而因变量公众参与态度同时对自变量公众参与认知和中介变量心理资本进行回归分析，其回归系数仍然显著，说明存在中介效应。而加入中介变量之后，自变量的系数下降程度不大且仍然显著，说明心理资本对公众参与认知和态度之间是部分中介效应。中介效应占总效应的比例为 0.245 × 0.3/0.349 = 21.06%。

由此 H5h：心理资本对公众参与态度与行为之间具有中介作用，H5d：心理资本对公众参与认知与态度之间具有中介作用，H5d1：心理资本对公众参与认知与态度之间具有完全中介作用，H5d2：心理资本对公众参与认知与态度之间具有部分中介作用全部获得检验，H5d 部分成立，H5d1 完全不成立，而 H5d2 完全成立。通过分析，可以绘制出心理资本对公众参与认知和态度的中介作用路径分析图，如表 7 – 8 所示。

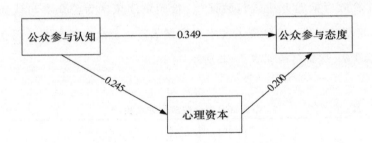

图 7 – 8　公众参与认知、心理资本、公众参与行为路径分析图

第四节　心理资本在公众参与认知与
态度间的调节作用检验

根据温忠麟的阐述，对于给定的自变量和因变量，有些变量

做调节变量和中介变量都是适合的。即心理资本会改变公众参与认知对公众参与态度的影响，同时公众参与认知通过心理资本影响公众参与态度。这种可能性在公众参与的认知与态度是否存在，本节将验证这一问题。

调节变量的检验主要是衡量自变量何时影响因变量或者何时对因变量影响最大的。调节作用的分析中对于自变量和调节变量的类型不同其研究方法有些不同，本书以温忠麟的总结为依据，进行验证分析。

根据这一检验方法，本书验证了公众参与态度在公众参与认知和公众参与行为之间是否存在调节作用，检验结果如表 7 - 9 所示：

表 7 - 9　　　　　　　心理资本调节效应的依次检验

	标准化回归方程	R_1^2	R_2^2	$\triangle R^2$
第一步	$Y = 0.3X + 0.118M$	0.121	——	——
第二步	$Y = -0.328X - 0.268M - 0.247MX$	——	0.123	0.002

由表 7 - 9 可知，R_2^2 仅仅只比 R_1^2 大 0.002，并没有显著的高于 R_1^2，且 MX 的回归系数为 - 0.247，P 值为 0.078，说明偏回归系数检验也不显著。由此说明心理资本的调节效应不显著。假设 H5e：心理资本对公众参与认知与态度之间具有调节作用不成立。

由此，心理资本和公众参与态度在整个公众参与过程中的作用的检验就全部得到验证，可以得到公众参与认知、公众参与态度、公众参与行为和心理资本的整体模型路径图如图 7 - 9 所示：

综上所述，全文所有变量的维度及各变量之间的关系均进行了验证，根据验证结果，全文结构调整如图 7 - 10 所示。

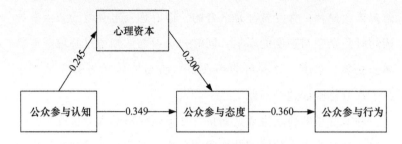

图 7 - 9　框架模型路径分析图

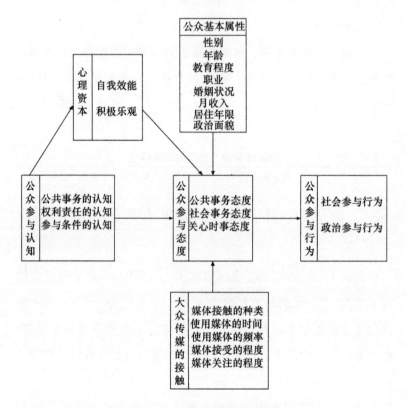

图 7 - 10　各变量关系验证结果

第五节　本章小结

　　本章对心理资本在公众参与认知、态度和行为之间的关系进行了一一检验，检验结果归纳总结如表 7 - 10 所示：

表 7 - 10 假设检定结果

研究假设	实 证 结 果	实证结果
H5a	心理资本对公众参与认知有显著正向影响作用	成立
H5b	心理资本对公众参与态度有显著正向影响作用	成立
H5c	心理资本对公众参与行为有显著正向影响作用	不成立
H5d	心理资本对公众参与认知与态度之间具有中介作用	部分成立
	H5d1：心理资本对公众参与认知与态度之间具有完全中介作用	不成立
	H5d2：心理资本对公众参与认知与态度之间具有部分中介作用	成立
H5e	心理资本对公众参与认知与态度之间具有调节作用	不成立

通过对公众参与认知、态度和行为的关系进行实证分析，我们可以得到如下结论：

一、心理资本是由两维度构成的。分别为自我效能和积极乐观。

二、心理资本对公众参与的认知及公众参与的态度有显著的正向影响作用，但心理资本对公众参与行为不存在相关性。

三、心理资本在公众参与认知对公众参与行为的影响过程中起到部分中介作用。

四、心理资本在公众参与认知与态度之间不存在调节作用。

结论与展望

本书在文献分析和相关理论的探析下，构建了由公众参与认知、公众参与态度、公众参与行为为核心变量，以心理资本、个人基本属性和大众传媒为辅助变量的公众参与过程的模型，并通过实证研究分析，一一解析了在整个公众参与过程中，各变量之间的关系，为进一步厘清公众参与过程中核心变量间的关系，科学引导公众进行公共事务参与做了一些尝试和贡献。

一 研究的主要结论

通过对成都市城镇居民进行问卷调研，在 1359 份有效问卷的统计分析中，我们发现，成都市城镇居民的公众参与认知的平均分为 4.2168（以 7 分为满分），公众参与态度的平均得分为 5.5466（以 7 分为满分），公众参与行为的平均得分为 4.1599（以 7 分为满分），心理资本的平均得分为 4.3723（以 7 分为满分）。这表明成都市城镇居民总体来说，其公众参与的态度是非常积极的，参与的认知、行为和其对公共事务的心理资本状况也比较良好。具体分析各变量的结论如下。

（一）个人基本属性对公众参与态度的影响

不同的个体特征，其公众参与的态度是否有所差异，有怎样的差异，本书对这一问题进行了逐个分析和验证，发现以下研究结论：

1. 性别不同，公众参与态度存在差异。总体来看，女性的公众参与态度比男性积极，在公众参与的分量表中，男、女性对于公共事务态度和社会事务态度均有显著差异，但是在关心时事方面并没有显著差异。

2. 年龄与公众参与态度存在显著差异。研究结果显示，30—39 岁这一年龄阶段的公众参与态度最为积极，其次是年龄为 40—49 岁，再次是年龄为 20—29 岁，然后是年龄为 50—59 岁的，再次是年龄为 19 岁（含）以下，最后是年龄为 60 岁（含）以上。

3. 教育程度不同，其公众参与态度存在显著差异，且在公众参与的三个分量表中这种显著差异均存在。研究发现，教育程度越高，其公众参与态度就越积极。

4. 职业不同，其公众参与态度有显著差异，且这一显著差异在公众参与态度的三个分量表中均有体现。在众多职业中，公务员、军人和教师的公众参与态度最高，失业人员的公众参与态度最低。

5. 婚姻状况不同，其公众参与态度存在显著差异，这一显著差异主要在公共事务和社会事务上体现。进一步分析可知，离异者公众参与态度更积极，其次是已婚（有小孩），再次是未婚，最后是已婚（无小孩）。

6. 月收入状况不同，其公众参与态度并无显著差异，这一结论在公众参与态度的三个分量表中同样适用。这表明收入状况并不会影响其公众参与态度。

7. 居住年限不同，其公众参与态度呈现显著差异。且在公共事务态度和社会事务态度的分量表中均有体现。结果并没有显示出居住年限越长，其公众参与态度越积极。但居住年限在 11—15 年时，显示其公众参与态度最为积极。

8. 政治面貌不同，其公众参与态度有显著差异。中共党员

（含预备党员）的公众参与态度最积极。

（二）大众传媒对公众参与态度的影响

通过研究大众传媒和公众参与态度之间的关系，得到如下结论：

1. 媒体种类的不同，其公众参与态度有显著差异。且这种显著差异在公众参与态度的三个分量表中都存在。结果显示影响公众参与态度最大的是网络，其次是电视，最后是手机。

2. 媒体接触时间不同，其公众参与态度存在显著差异，且这种显著差异在公众参与态度的三个分量表中都存在。结果显示每天接触媒体时间为2—3小时的其公众参与态度最为积极，其次是1—2小时的，最后是1小时以下的。

3. 媒体接触的频率不同，其公众参与态度呈显著差异。这一研究假设不仅在公众参与态度的总量表中得以体现，在其三个分量表中也都存在。结论显示，媒体接触频率越高，其公众参与态度越积极。

4. 媒体接受程度不仅与公众参与态度有显著差异，且这种差异在三个分量表中均有表现。对媒体部分接受的人群，其公众参与态度最积极。

5. 媒体关注程度不同，其公众参与态度存在显著差异这一研究假设成立，并且在其公众参与态度的三个分量表中都存在显著差异。结果显示，对媒体关注程度越高，其公众参与态度越积极。

（三）公众参与认知、态度和行为的关系

本书首先探析了公众参与认知、态度和行为的维度，同时验证了三者之间的关系，得到如下结论：

1. 探索并验证了公众参与认知的三维度结构模型。其维度分别为：公共事务认知、权责认知和条件认知。

2. 探索并验证了公众参与态度的三维度结构模型。其维度分别为：公共事务态度、社会事务态度和关心时事态度。

3. 探索并验证了公众参与行为的两维度结构模型。其维度分别为：社会参与行为和政治参与行为。

4. 公众参与认知对公众参与态度有显著正向影响作用。研究发现，公众参与认知对公众参与态度的正向影响作用主要是通过其权责认知对公众参与态度各变量的正向影响，同时条件认知对关心时事态度也有正向影响。

5. 公众参与态度对公众参与行为有显著正向影响作用。研究结论显示，在具体的分量表中，公共事务态度和关心时事态度对社会参与行为有显著正向影响作用，关心时事态度对政治参与行为有显著的正向影响。

6. 公众参与认知对公众参与行为有显著正向影响作用。研究发现，在具体的分量表中，公共事务认知、权责认知以及条件认知对社会参与行为均有显著正向影响作用，而公共事务认知和条件认知两个分量表则对政治参与行为有显著的正向影响。

7. 公众参与态度在公众参与认知和行为之间具有完全中介作用。这表明，公众参与认知对公众参与行为的影响，主要是通过公众参与态度来影响的。

（四）心理资本与公众参与过程的关系

通过对心理资本的维度探索和验证，分析心理资本在整个公众参与过程中所起的作用，得到如下结论：

1. 探索并验证的心理资本的两维度结构模型。心理资本的两维度分别为自我效能和积极乐观。

2. 心理资本对公众参与认知有显著正向影响作用。研究发现，在具体的分量表中，积极乐观对公众参与认知中的公共事务认知、权责认知以及条件认知均有正向影响，而自我效能则仅对权责认知有正向影响，由此可见在分量表中积极乐观在整个正向影响中起到作用最大。

3. 心理资本对公众参与态度有显著正向影响作用。研究发现，在具体的分量表中，自我效能对公众参与态度的正向影响作用在其三个分量表即公共事务态度、社会事务态度和关心时事态度中均有体现。而积极乐观则对关心时事态度有显著正向影响作用。

4. 心理资本与公众参与行为不存在相关性，表明心理资本主要是在公众参与的认知和态度过程发挥作用。

5. 心理资本在公众参与认知和态度过程中起到的作用是部分中介作用，不存在调节作用。

二 政策建议

公众参与是培养公民意识科学决策的核心要义，衡量政府行政管理水平，提升政府决策科学性和有效性的关键要素。根据本书所得出的结论，政府在科学引导公众进行公共事务和社会事务参与时，应注意以下几个方面：

1. 针对不同的人群，采取不同的公众参与引导策略。在个人属性方面，收入不同，其公众参与态度无显著差异，而婚姻状况、教育程度、年龄、居住年限、性别、政治面貌和职业不同，其公众参与态度均有显著差异。总体来说，可根据研究结论显示，积极引导公众参与态度积极的人群，去进行公共事务和社会事务的参与，积极拉拢中立态度的人群，积极修正态度消极的人群。研究表明，受教育程度越高，其公众参与态度就越积极。因此为了提升公众参与态度，政府可加大教育投资力度，加强国民的教育水平，从而全面提升人口素质，达到提升公众参与的目标。而不同的政治面貌其公众参与态度也不同，中共党员的公众参与态度最为积极，因此政府可以通过党员队伍建设的方法，以党员带动群众，以党员影响群众，从而达到提升公众参与态度的目标。而对于性别、年龄、婚姻状况、居住年限和职业则可认清哪些是公众参与态度的积极人群，哪些是中立人群，哪些是消极人群，针对不同人群制订差别化的公众参与的方案，来科学引导公众进行公共事务和社会事务的参与。

2. 善用大众传媒，积极引导公众参与。研究表明，影响公众参与态度最大的是网络，其次是电视，最后是手机。因此政府在投放公共事务和社会事务的信息时可以此为序来进行投放。媒体的接触时间和频率不同，其公众参与态度均有显著差异，实际表明了媒体对公众参与是有很切实的影响的，政府要善用媒体来引导公众进行参与。对媒体部分接受的人群，其公众参与态度最积极，则表明政府可以培养公众对媒体信息的辨识。研究结论显示，对媒体抱有怀疑精神的人，实际上深入思考和认真对待公共事务的人，因此政府在公众对媒体接受的辨别能力和如何对待方面可以正确地予以引导，同时提升公众对媒体本身的信任感，从而提升公众公共事务和社会事务的参与。而对媒体关注程度越高，其公众参与态度越积极，则表明，媒体在公共事务和社会事务的投放过程中，要注意吸引公众的眼球，引起他人的关注，这样的信息投放才有价值，才能增强其公众参与态度的积极性。

3. 重视公众参与态度，提升公众参与行为。研究表明，公众参与认知虽然对公众参与行为是正向影响作用，但是这一影响是由公众参与态度作为完全中介作用所发挥出来的。而公众参与认知对公众参与态度具有正向影响，公众参与态度对公众参与行为也有显著的正向影响，这表明，我们应该更加地关注公众参与态度。在整个公共事务的参与过程中，尽管公众的认知可能一致，但是其态度不一致，行为就会完全不一致。因此关注和提升公众参与态度是我们必须重视的问题。而公众参与态度的提升可以通过教育水平、政治信仰、大众传媒、公众参与认知以及心理资本等因素来影响，这也在文中均得到了检验，因此我们可以通过多渠道和多种方法全面提升公众参与态度，进而更好地提升公众参与行为。

4. 加强心理资本建设，树立民众信心。研究显示，心理资本对公众参与认知和公众参与态度均有正向影响作用，这表明积极的心理和对公共事务的信心会使得公众的认知能力加强，认知态度更为积极。同时因为心理资本在公众参与认知和态度过程中也起到部分中介作用，即公众参与认知部分通过心理资本影响公众参与行为。因此政府在公共事务上不仅要言而有信，树立可信任的政府的形象，同时在具体的参与过程中，要给公众以信息和正面信息的激励，这样使得公众能拥有一种积极乐观的心态和在公共事务中的信息，从而更好地进行公共事务的参与。

三 研究的主要创新

本书在吸纳以往研究成果的基础之上，基于公众参与的整个过程的视角，建立了公众参与认知、公众参与态度、公众参与行为的关系模型，并介入心理资本这一全新的变量，结合个人基本属性和大众传媒的影响，构建了一个更为完整的公众参与的模型，去揭示公众参与过程的内在机理和厘清各变量之间的关系。本书的创新主要体现在以下三个方面：

1. 本书初次探索并验证了公众参与态度的三维结构模型。以往的研究没有单独对公众参与态度这一重要的公众参与变量进行研究的，而所开发的问卷也基本是基于文献分析的结果，没有通过实证的方法对这一结果进行验证。本书通过探索性因子分析和验证性因子分析，并对公众参与态度的结构模型进行结构方程建模比较，最终从理论和实证上确定了公众参与态度由公共事务态度、社会事务态度和关心时事态度三个维度构成，这将对公众参与态度的内涵界定和测量的研究起到促进作用。

2. 构建了公众参与认知、公众参与态度和公众参与行为的关系模型，并通过实证验证了各自的关系。以往的研究没有将公众参与过程的这三个核心变量直接的关系进行厘清，这对于分析公众参与过程是极为不利的，本书通过实证的方法，探索并验证了公众参与认知和公众参与行为的内涵结构，并发现公众参与认知对公众参与态度有显著影响作用，公众参与态度对公众参与行为有显著影响作用，而公众参与态度在公众参与认知和公众参与行为中起到完全中介的作用。

3. 构建了心理资本与公众参与过程的关系的整体模型，并通过实证验证了相互之间的关系。本书首次将心理资本这一变量引入公众参与过程中来，考虑心理因素对公众参与过程的影响，通过实证分析，发现心理资本对公众参与认知和公众参与态度均有显著影响，且在公众参与认知和公众参与态度之间起到部分中介作用。

四 研究的局限及展望

尽管本书严格遵循科学研究的范式，但是由于调研样本的限制、研究要素选择的限制以及受到时间、人力、物力的限制，还存在一定的局限性。这些局限将使得整个研究的深度、广度以及研究结论的推广都受到一些影响，这将在未来的研究中进一步地完善。

1. 研究样本的局限。本书尽管已经尽最大努力地确保样本能够无限接近母体，但是受到人力、物力和财力的限制，无法对所有样本均采用随机抽样的方法。同时，本书的样本是以成都市为例，对其他地区的样本没有予以考虑，这就会使得样本是否同样适合成都以外的地区的推广性略显不足，在未来的研究中还需进一步地完善。

2. 研究要素选择的限制。本书在整个公众参与过程中，在文献探讨的基础上，尽管已经考虑了影响公众参与的关键变量，但是影响公众参与的因素众多，其他未考虑的因素也可能会对公众参与造成影响，可能对部分的研究结果产生限制，因此在未来的研究中还可以在本书的基础上做更为深入的分析和探讨。

3. 研究时间的限制。由于研究的数据是采用的横断数据，这就只能代表成都市城镇居民在这一个时间期间的状态和信息，然而样本自身是会不断变化的，在将来的研究中，还要考虑跟踪采集时间序列数据，以便在纵向上进行分析和补充，使得研究更为完善，结论更具推广性。

附　　录

附录1　参与题项讨论的专家名单

张××　　新加坡南洋理工大学教授

李　×　　北京理工大学公共管理学院教授

吴　×　　中国青年政治学院教授

黄　×　　北京大学政府管理学院副教授

张××　　天津大学公共管理学院教授

田××　　西南交通大学政治学与行政学副教授

附录2　预测试问卷

您好！感谢您在百忙之中抽出时间参与本问卷调查！

　　这是一份关于公众参与的学术问卷，目的在于了解您在社会生活和政治生活参与时的真实感受和想法。每个题项都只选择一个答案，请留意不要遗漏。

　　本书所定义的公众参与是指公众中的个人或组织通过直接或间接方式参与社会生活和政治生活，从而影响政府的一种行为。例如：参加选举、参与社区活动、参加社团组织（如参加学生会、工会等）、上访、参加听证会、给政府提意见和建议（如拨打市长热线），等等。

第一部分：

一、个人基本情况调查

1. 性别：　　　　（1）□男　　　　（2）□女

2. 年龄：

（1）□19 岁（含）以下　　　（2）□20—29 岁

（3）□30—39 岁

（4）□40—49 岁　　　　（5）□50—59 岁

（6）□60 岁（含）以上

3. 教育程度：

（1）□初中（含）以下　　　　（2）□高中（职）

（3）□专科或本科　　　　　（4）□研究生（含）以上

4. 职业：

（1）□公务员、军人、教师　　　（2）□农牧渔业

（3）□制造业　　　（4）□服务业　　　（5）□商业

（6）□自由业　　　（7）□学生　　　（8）□退休

（9）□失业　　　（10）□其他_____

5. 婚姻状况：（1）□未婚　　　（2）□已婚（无小孩）

（3）□已婚（有小孩）（4）离异

6. 请问您个人平均每月收入：

（1）□2000 元及以下　　　（2）□2001—5000 元

（3）□5001—8000 元　　　　（4）□8001—10000 元

（5）□10000 元以上

7. 请问您在目前的城市居住了多长时间：

（1）□1 年（含）以下　　　（2）□1—5 年

（3）□6—10 年　　　　（4）□11—15 年

（5）□16—20 年　　　　（6）□20 年以上

8. 请问您的政治面貌是：

（1）□中共党员（含预备党员）（2）□民主党派

（3）□团员 （4）□群众

二、以下问题都是"单选"，请您在最具有代表性答案的
"□"中打"√"。

1. 请问您最常利用哪种方式来得知时事或新闻：

（1）□报纸 （2）□杂志 （3）□广播

（4）□电视 （5）□网络 （6）□手机（7）□其他

2. 请问您平均每天花多少时间来获得时事或新闻：

（1）□几乎没有 （2）□1 小时（含）以下

（3）□1—2 小时 （4）□2—3 小时

（5）□3 小时（含）以上

3. 请问您过去半年里，平均每周有几次使用传媒来得知时
事或新闻：

（1）□几乎没有 （2）□5 次（含）以下

（3）□6—10 次 （4）□11—15 次

（5）□16—20 次 （6）□21—25 次

（7）□26 次（含）以上

4. 请问您接受媒体对时事或新闻报道的内容吗？

（1）□全部接受 （2）□部分接受 （3）□无所谓

（4）□部分不接受 （5）□全部不接受

5. 请问您通常会注意媒体报道中的政治新闻或公共事务吗？

（1）□非常注意 （2）□注意 （3）□无所谓

（4）□不注意 （5）□非常不注意

第二部分：公众参与相关因素的调查

一、公众认知量表（请注意：1. 完全不清楚；2. 不清楚；
3. 较不清楚；4. 不确定；5. 较清楚；6. 清楚；7 完全清楚，在最
能代表您的意见的数字上打"√"，所有问题均为单项选择题。）

序号	问 项	1 完全不清楚→7 完全清楚						
1	当我的公民权利遭到损害时，我知道用什么样的手段或者方式维护我的权益。	1	2	3	4	5	6	7
2	在每一项与我有关的公共事务参与时，我知道应该去找哪一个政府部门。	1	2	3	4	5	6	7
3	我知道在政府机关处罚不当时应向哪一级政府机关提起诉讼。	1	2	3	4	5	6	7
4	我了解宪法规定的公民的基本权利有哪些。	1	2	3	4	5	6	7
5	我了解作为小区的业主应该享有哪些基本权利。	1	2	3	4	5	6	7
6	我了解在人大选举中，我的选举权应该如何保障。	1	2	3	4	5	6	7
7	我知道怎样用法律来保护我的权益。	1	2	3	4	5	6	7
8	我知道当个人权益受到侵害时，我拥有向有关部门反映情况和诉讼的权利。	1	2	3	4	5	6	7
9	我了解宪法规定的公民的基本义务有哪些。	1	2	3	4	5	6	7
10	我知道作为小区的业主应该担负哪些责任。	1	2	3	4	5	6	7
11	政府为我们提供了合适的途径让我参与公共事务。	1	2	3	4	5	6	7
12	政府或者社区为我们提供了公共事务参与的场地。	1	2	3	4	5	6	7
13	我的知识水平让我有能力参与公共事务。	1	2	3	4	5	6	7

二、公众参与态度量表（请注意：1. 完全不同意；2. 不同意；3. 较不同意；4. 不确定；5. 较同意；6. 同意；7 完全同意，在最能代表您的意见的数字上打"√"，所有问题均为单项选择题。）

序号	问 项	1 完全不同意→7 完全同意						
1	公共事务是政治人物的事，我不需要关心。	1	2	3	4	5	6	7
2	每个人都应该参与地方或社区事务，以加强对社区的认同感。	1	2	3	4	5	6	7

序号	问　项	1 完全不同意→7 完全同意						
3	参加社区团体能更好地为社区尽力，如若有这样的团体，我愿意参加。	1	2	3	4	5	6	7
4	参与政府所办的各项活动（包括政治、社会、经济、文化等方面）就是对政府最大的支持。	1	2	3	4	5	6	7
5	公共资源（如路灯、公园等）是属于大家的，必须好好珍惜。	1	2	3	4	5	6	7
6	公民应该参与政治活动，尤其应该珍视自己的选举权。	1	2	3	4	5	6	7
7	我对社区公园、运动休闲设施等公共设施不仅有权使用，也可以提出要求或建议。	1	2	3	4	5	6	7
8	了解政府的行政处理程序是我的权利。	1	2	3	4	5	6	7
9	为了有效监督公共政策的执行，必须在平时多参与公共事务。	1	2	3	4	5	6	7
10	公共事务是大家的事，也是我的事。	1	2	3	4	5	6	7
11	政府能保障我的权利，并增进我的福利。	1	2	3	4	5	6	7
12	经济的发展与繁荣是政府的事，与我无关。	1	2	3	4	5	6	7
13	帮助残疾人，并不是多管闲事。	1	2	3	4	5	6	7
14	因自己的能力不足，所以关怀和服务社会不是我能做的。	1	2	3	4	5	6	7
15	每个人都应积极参与各项公益活动，随时关心周围的人与事。	1	2	3	4	5	6	7
16	政府机关应更加关注弱势群体（如：老人、残疾人等）。	1	2	3	4	5	6	7
17	我乐于利用闲暇时间去帮助需要帮助的人。	1	2	3	4	5	6	7
18	关怀社会是现代公民的责任。	1	2	3	4	5	6	7
19	地球只有一个，所以我应当保护环境（如不乱扔垃圾）。	1	2	3	4	5	6	7
20	"给予"比"接受"更让人愉快。	1	2	3	4	5	6	7
21	我的行为应该考虑社会整体利益，不能为所欲为。	1	2	3	4	5	6	7
22	社会的好坏是大家共同的责任。	1	2	3	4	5	6	7

续表

序号	问 项	1 完全不同意→7 完全同意						
23	为了避免增加社会负担，每个人都应该履行个人义务（如守法等）。	1	2	3	4	5	6	7
24	遵守交通规则是承担社会责任的表现。	1	2	3	4	5	6	7
25	经过社区共同决定的事，我虽然不喜欢，但也应该遵守。	1	2	3	4	5	6	7
26	信息传媒相当发达，提升了我对时事的关心程度。	1	2	3	4	5	6	7
27	我关心时事的程度越高，越能促进社会的民主化。	1	2	3	4	5	6	7
28	我会主动关心成都市政府的重大举措（如北改工程等）。	1	2	3	4	5	6	7
29	虽然我是一个普通公民，我也应该关心经济增长等经济问题。	1	2	3	4	5	6	7
30	身为成都的一分子，应该要了解天府新区建设的最新进展。	1	2	3	4	5	6	7

三、公众参与行为量表（请注意：1. 完全不符合；2. 不符合；3. 较不符合；4. 不确定；5. 较符合；6. 符合；7 完全符合，在最能代表您的意见的数字上打"√"，所有问题均为单项选择题。）

序号	问 项	1 完全不符合→7 完全符合						
1	我会阅读有关政府的宣传品和资料，以了解政府推行的各种政策。	1	2	3	4	5	6	7
2	我会从报纸、电视或网络知道有关国家社会建设的发展现状。	1	2	3	4	5	6	7
3	我乐于和我所认识的人，讨论国家和社会最近发生的大事。	1	2	3	4	5	6	7

续表

序号	问　　项	1 完全不符合→7 完全符合						
4	我乐于利用闲暇时间参加社区或邻里举办的各种活动。	1	2	3	4	5	6	7
5	无论何种选举，我都会去投票。	1	2	3	4	5	6	7
6	政府重大事件举办听证会时，我鼓励亲友去投票或旁听。	1	2	3	4	5	6	7
7	人大代表选举期间，我会与家人或朋友讨论候选人的推选。	1	2	3	4	5	6	7
8	我经常参与政治活动，如参加政府听证会、给政府相关部门提意见和建议等。	1	2	3	4	5	6	7

　　四、心理资本量表（请注意：1. 完全不符合；2. 不符合；3. 较不符合；4. 不确定；5. 较符合；6. 符合；7 完全符合，在最能代表您的意见的数字上打"√"，所有问题均为单项选择题。）

序号	问　　项	1 完全不符合→7 完全符合						
1	我相信自己有分析公共事务问题的能力，并找到解决方案。	1	2	3	4	5	6	7
2	在公共事务问题的讨论中，我能自信地陈述自己的观点。	1	2	3	4	5	6	7
3	我相信能提出对政府或社区发展有益的建议。	1	2	3	4	5	6	7
4	我相信能够制定自己公共事务参与的目标。	1	2	3	4	5	6	7
5	我相信自己为完成公共事务有能力与社区民众或政府联系并讨论问题。	1	2	3	4	5	6	7
6	我相信自己能向一群公众陈述公共事务信息。	1	2	3	4	5	6	7
7	如果我在公共事务的工作中陷入困境，我能想出很多办法走出困境。	1	2	3	4	5	6	7

序号	问　项	1 完全不符合→7 完全符合						
8	目前，我认为自己在公共事务的参与中非常成功。	1	2	3	4	5	6	7
9	我能想出很多办法来实现我的公众参与目标。	1	2	3	4	5	6	7
10	目前，我正在达成为自己设定的公众参与目标。	1	2	3	4	5	6	7
11	在公众参与中，我无论如何都会去解决遇到的难题。	1	2	3	4	5	6	7
12	在公众参与中，如果不得不去参与，我能独立应战。	1	2	3	4	5	6	7
13	在参与过程中，我感觉自己能同时处理很多事务。	1	2	3	4	5	6	7
14	对自己的参与事务，我总是看到其光明的一面。	1	2	3	4	5	6	7

问卷到此结束，感谢您的参与，请您检查以上各项是否有遗漏或疏忽。

附录3　正式问卷

您好！感谢您在百忙之中抽出时间参与本问卷调查！

这是一份关于公众参与的学术问卷，目的在于了解您在社会生活和政治生活参与时的真实感受和想法。每个题项都只选择一个答案，请留意不要遗漏。

本书所定义的公众参与是指公众中的个人或组织通过直接或间接方式参与社会生活和政治生活，从而影响政府的一种行为。例如：参加选举、参与社区活动、参加社团组织（如参加学生会、工会等）、上访、参加听证会、给政府提意见和建议（如拨打市长热线），等等。

第一部分：

一、个人基本情况调查

1. 性别： （1）□男 （2）□女

2. 年龄：

（1）□19 岁（含）以下 （2）□20—29 岁

（3）□30—39 岁 （4）□40—49 岁

（5）□50—59 岁 （6）□60 岁（含）以上

3. 教育程度：

（1）□初中（含）以下 （2）□高中（职）

（3）□专科或本科 （4）□研究生（含）以上

4. 职业：

（1）□公务员、军人、教师 （2）□农牧渔业

（3）□制造业 （4）□服务业 （5）□商业

（6）□自由业 （7）□学生 （8）□退休

（9）□失业 （10）□其他_____

5. 婚姻状况：（1）□未婚 （2）□已婚（无小孩）

（3）□已婚（有小孩） （4）离异

6. 请问您个人平均每月收入：

（1）□2000 元及以下 （2）□2001—5000 元

（3）□5001—8000 元 （4）□8001—10000 元

（5）□10000 元以上

7. 请问您在目前的城市居住了多长时间：

（1）□1 年（含）以下 （2）□1—5 年

（3）□6—10 年 （4）□11—15 年

（5）□16—20 年 （6）□20 年以上

8. 请问您的政治面貌是：

（1）□中共党员（含预备党员） （2）□民主党派

（3）□团员　　　（4）□群众

二、以下问题都是"单选"，请您在最具有代表性答案的"□"中打"√"。

1. 请问您最常利用哪种方式来得知时事或新闻：

（1）□报纸　　　（2）□杂志　　　（3）□广播

（4）□电视　　　（5）□网络　　　（6）□手机

（7）□其他

2. 请问您平均每天花多少时间来获得时事或新闻：

（1）□几乎没有　　　　（2）□1 小时（含）以下

（3）□1—2 小时　　　　（4）□2—3 小时

（5）□3 小时（含）以上

3. 请问您过去半年里，平均每周有几次使用传媒来得知时事或新闻：

（1）□几乎没有　　　（2）□5 次（含）以下

（3）□6—10 次　　　（4）□11—15 次

（5）□16—20 次　　　（6）□21—25 次

（7）□26 次（含）以上

4. 请问您接受媒体对时事或新闻报道的内容吗？

（1）□全部接受　　　（2）□部分接受

（3）□无所谓　　　（4）□部分不接受

（5）□全部不接受

5. 请问您通常会注意媒体报道中的政治新闻或公共事务吗？

（1）□非常注意　　　（2）□注意　　　（3）□无所谓

（4）□不注意　　　（5）□非常不注意

第二部分：公众参与相关因素的调查

一、公众认知量表（请注意：1. 完全不清楚；2. 不清楚；3. 较不清楚；4. 不确定；5. 较清楚；6. 清楚；7 完全清楚，在

附　录

最能代表您的意见的数字上打"√"，所有问题均为单项选择题。)

序号	问　项	1 完全不清楚→7 完全清楚						
1	当我的公民权利遭到损害时，我知道用什么样的手段或者方式维护我的权益。	1	2	3	4	5	6	7
2	在每一项与我有关的公共事务参与时，我知道应该去找哪一个政府部门。	1	2	3	4	5	6	7
3	我知道在政府机关处罚不当时应向哪一级政府机关提起诉讼。	1	2	3	4	5	6	7
4	我了解宪法规定的公民的基本权利有哪些。	1	2	3	4	5	6	7
5	我了解作为小区的业主应该享有哪些基本权利。	1	2	3	4	5	6	7
6	我了解在人大选举中，我的选举权应该如何保障。	1	2	3	4	5	6	7
7	我知道怎样用法律来保护我的权益。	1	2	3	4	5	6	7
8	我知道当个人权益受到侵害时，我拥有向有关部门反映情况和诉讼的权利。	1	2	3	4	5	6	7
9	我了解宪法规定的公民的基本义务有哪些。	1	2	3	4	5	6	7
10	我知道作为小区的业主应该担负哪些责任。	1	2	3	4	5	6	7
11	政府为我们提供了合适的途径让我参与公共事务。	1	2	3	4	5	6	7
12	政府或者社区为我们提供了公共事务参与的场地。	1	2	3	4	5	6	7
13	我的知识水平让我有能力参与公共事务。	1	2	3	4	5	6	7

　　二、公众参与态度量表（请注意：1. 完全不同意；2. 不同意；3. 较不同意；4. 不确定；5. 较同意；6. 同意；7 完全同意，在最能代表您的意见的数字上打"√"，所有问题均为单项选择题。)

序号	问　项	1 完全不同意→7 完全同意						
1	每个人都应该参与地方或社区事务，以加强对社区的认同感。	1	2	3	4	5	6	7
2	公共资源（如路灯、公园等）是属于大家的，必须好好珍惜。	1	2	3	4	5	6	7
3	公民应该参与政治活动，尤其应该珍视自己的选举权。	1	2	3	4	5	6	7
4	我对社区公园、运动休闲设施等公共设施不仅有权使用，也可以提出要求或建议。	1	2	3	4	5	6	7
5	公共事务是大家的事，也是我的事。	1	2	3	4	5	6	7
6	每个人都应积极参与各项公益活动，随时关心周围的人与事。	1	2	3	4	5	6	7
7	政府机关应更加关注弱势群体（如：老人、残疾人等）。	1	2	3	4	5	6	7
8	我乐于利用闲暇时间去帮助需要帮助的人。	1	2	3	4	5	6	7
9	关怀社会是现代公民的责任。	1	2	3	4	5	6	7
10	地球只有一个，所以我应当保护环境（如不乱扔垃圾）。	1	2	3	4	5	6	7
11	"给予"比"接受"更让人愉快。	1	2	3	4	5	6	7
12	我的行为应该考虑社会整体利益，不能为所欲为。	1	2	3	4	5	6	7
13	社会的好坏是大家共同的责任。	1	2	3	4	5	6	7
14	为了避免增加社会负担，每个人都应该履行个人义务（如守法等）。	1	2	3	4	5	6	7
15	遵守交通规则是承担社会责任的表现。	1	2	3	4	5	6	7
16	经过社区共同决定的事，我虽然不喜欢，但也应该遵守。	1	2	3	4	5	6	7
17	信息传媒相当发达，提升了我对时事的关心程度。	1	2	3	4	5	6	7
18	我关心时事的程度越高，越能促进社会的民主化。	1	2	3	4	5	6	7
19	我会主动关心成都市政府的重大举措（如北改工程等）。	1	2	3	4	5	6	7

序号	问　项	1 完全不同意→7 完全同意						
20	虽然我是一个普通公民，我也应该关心经济增长等经济问题。	1	2	3	4	5	6	7
21	身为成都的一分子，应该要了解天府新区建设的最新进展。	1	2	3	4	5	6	7

三、公众参与行为量表（请注意：1. 完全不符合；2. 不符合；3. 较不符合；4. 不确定；5. 较符合；6. 符合；7 完全符合，在最能代表您的意见的数字上打"√"，所有问题均为单项选择题。）

序号	问　项	1 完全不符合→7 完全符合						
1	我会阅读有关政府的宣传品和资料，以了解政府推行的各种政策。	1	2	3	4	5	6	7
2	我会从报纸、电视或网络知道有关国家社会建设的发展现状。	1	2	3	4	5	6	7
3	我乐于和我所认识的人，讨论国家和社会最近发生的大事。	1	2	3	4	5	6	7
4	我乐于利用闲暇时间参加社区或邻里举办的各种活动。	1	2	3	4	5	6	7
5	无论何种选举，我都会去投票。	1	2	3	4	5	6	7
6	政府重大事件举办听证会时，我鼓励亲友去投票或旁听。	1	2	3	4	5	6	7
7	人大代表选举期间，我会与家人或朋友讨论候选人的推选。	1	2	3	4	5	6	7
8	我经常参与政治活动，如参加政府听证会、给政府相关部门提意见和建议等。	1	2	3	4	5	6	7

四、心理资本量表（请注意：1. 完全不符合；2. 不符合；3. 较不符合；4. 不确定；5. 较符合；6. 符合；7 完全符合，在最

能代表您的意见的数字上打"√",所有问题均为单项选择题。)

序号	问 项	1 完全不符合→7 完全符合						
1	我相信自己有分析公共事务问题的能力,并找到解决方案。	1	2	3	4	5	6	7
2	在公共事务问题的讨论中,我能自信地陈述自己的观点。	1	2	3	4	5	6	7
3	我相信能提出对政府或社区发展有益的建议。	1	2	3	4	5	6	7
4	我相信能够制定自己公共事务参与的目标。	1	2	3	4	5	6	7
5	我相信自己为完成公共事务有能力与社区民众或政府联系并讨论问题。	1	2	3	4	5	6	7
6	我相信自己能向一群公众陈述公共事务信息。	1	2	3	4	5	6	7
7	如果我在公共事务的工作中陷入困境,我能想出很多办法走出困境。	1	2	3	4	5	6	7
8	目前,我认为自己在公共事务的参与中非常成功。	1	2	3	4	5	6	7
9	我能想出很多办法来实现我的公众参与目标。	1	2	3	4	5	6	7
10	目前,我正在达成为自己设定的公众参与目标。	1	2	3	4	5	6	7
11	在公众参与中,我无论如何都会去解决遇到的难题。	1	2	3	4	5	6	7
12	在公众参与中,如果不得不去参与,我能独立应战。	1	2	3	4	5	6	7
13	在参与过程中,我感觉自己能同时处理很多事务。	1	2	3	4	5	6	7
14	对自己的参与事务,我总是看到其光明的一面。	1	2	3	4	5	6	7

问卷到此结束,感谢您的参与,请您检查以上各项是否有遗漏或疏忽。

参考文献

[1] Abramson P. R., Aldrich J. H., "The decline of electoral participation in America", The American Political Science Review, Vol. 73, March 1982.

[2] Ajzen I.. "The theory of planned behavior", Organizational Behavior and Human Decision Processes, Vol. 50, Feb. 1991.

[3] Alessio V., Maury N., Douglas D. P., Massimo S., "Civic participation and the development of adolescent behavior problems", Journal of Community Psychology, Vol. 35, June 2007.

[4] Allport F. H. "Toward a science of public opinion", Public Opinion Quarterly, Vol. 1, Jan. 1937.

[5] Arnstein S. R., "A ladder of citizen participation. Journal of American Institute of Planners", Vol. 35, April 1969.

[6] Ball-Rokeach S. J., DeFleur M. L., "A dependency model of mass-media effects", Communication Research, Vol. 3, Jan. 1976.

[7] Barbalet J. M., *Citizenship*, Milton Keynes, UK: Open University Press, 1988.

[8] Barber B. R., *Strong democracy: Participatory politics for a new age*, Berkeley, CA: University of California Press, 1986.

[9] Baumgartner F. R., Jones B. D., *Agendas and instability in A-*

merican politics. Chicago: Chicago University Press, 1933.

[10] Becker L. B., Whitney D. C., " Effects of media dependencies: Audience assessment of government ", Communication Research, Vol. 7, Jan. 1980.

[11] Best S. J., Krueger B. S.. " Analyzing the representativeness of Internet political participation ", Political Behavior, Vol. 27, Feb. 2005.

[12] Brook T., Frolic B. M., *Civil society in China*, New York: M. E. Sharpe, Inc., 1997.

[13] Christy C. A., *Sex differences in political participation*, New York: Praeger, 1987.

[14] Cunningham J. V., " Citizen participation in public affairs ", Public Administration Review, Vol. 32, 1972.

[15] Dahl R. A., *Polyarchy: Participation and opposition.* New Haven: Yale University Press, 1971.

[16] DeLeon P.. " The democratization of the policy sciences ", Public Administration Review, Vol. 52, Feb. 1992.

[17] Desario J., Langton S., *Citizen participation in public decision making*, New York: Greenwood Press, 1987.

[18] Emler R., " Young people's perception of the personal attributes of rule breakers and rule followers ", Doctor Dissertation, University of Dundee, 1987.

[19] Engle S. H., *Education for democratic citizenship: Decision making in the social studies*, New York: Teachers College Press, Columbia University, 1988.

[20] Ferris G. R., Harrell-Cook G., Dulebohn J. H., *Organizational politics: The nature of the relationship between politics perceptions and political behavior*, Emerald Group Publishing

Limited, 2000.

[21] Fishbein M., Ajzen I., *Belief, attitude, intention, and behavior: An introduction to theory and research*, Boston, Massachusetts: Addison-Wesley, 1975.

[22] Galston W. A., "Political knowledge, political engagement, and civic education", Annual Review of Political Science, Vol. 4, 2001.

[23] HessR. D., Torney J. V., *The development of political behavior in children.* New York: Delmar Publishers, 1970.

[24] HosenR., Solovey-Hosen D., Stern L., "Education and capital development: Capital as durable personal, social, economic and political influences on the happiness of individuals", Education, Vol. 123, March 2003.

[25] Janet N., Marian B., Helen S., Andrew K., "Public participation and collaborative governance", Journal of Social Policy, Vol. 33, Feb. 2004.

[26] Johnson W. C., *Public Administration: partnerships in Public Service*, Prospect Heights: Waveland Press, 2004.

[27] King C. S., Feltey K. M., Susel B. O. "The question of participation: Toward authentic public participation in public administration", Public Administration Review, Vol. 58, No. 4, 1998.

[28] Kline R. B., *Principles and practice of structural equation modeling*, New York: The Guilford Press, 1998.

[29] Lewin K., *Principles of topological psychology*, New York: McGraw-Hill Book Company, Inc., 1936.

[30] Luthans F., Avey J. B., Patera J. L., "Experimental analysis of a web-based training intervention to develop positive psy-

chological capita", Academy of management Learning & Education, Vol. 7, No. 2, 2008.

[31] Luthans F., Avolio B. J., Fred O. W., Weixing Li, "The psychological capital of Chinese workers: Exploring the relationship with performance", Management and Organization Review, 2005.

[32] Luthans F., Youssef C. M., Avolio B. J., *Psychological capital: Developing the human competitive edge*, Oxford UK: Oxford University Press, 2007.

[33] Luthans F., Youssef C. M., "Human, social, and now positive psychological capital management: Investing in people for competitive advantage", Organizational Dynamics, Vol. 33, Feb. 2004.

[34] Luthans F., Youssef C. M., "Human, social and now positive psychological capital management: Investing in people for competitive advantage", Organizational Dynamics, Vol. 33, 2004.

[35] Manheim J. B., *The political within: A primer in political attitudes and behavior*, New Jersey: Englewood Cliffs, 1975.

[36] Milakovich M. E., Gordon G. J., *Public Administration in America*, New York: St. Martin's Press, 2001.

[37] Milbrath L. W., Goel M. L., *Political participation: How and why do people get involved in politics?* Boston: Houghton Mifflin Company, 1977.

[38] Moore M. H., *Creating public value: Strategic management in government*, London UK: Harvard University Press, 1995.

[39] Roberts N., "Public deliberation in an age of direct citizen participation", American Review of Public Administration, Vol. 34, No. 4, 2004.

［40］ Schenck-Hamlin J. W. , David D. P. , Deborah R. , "The in-fluence of negative advertising frames on political cynicism and political accountability", Human Communication Research, Vol. 26, No. 1, 2000.

［41］ Sidney V. , Norman H. N. , *Participation in America: Political democracy and social equality*, New York: Harper & Row, 1972.

［42］ Snyder C. R. , Lopez S. (Eds.), *Handbook of positive psychology*, UK: Oxford University Press, 2002.

［43］ Verba S. , Nie N. H. , Kim J. , *Participation and political equality*, Chicago: The University of Chicago Press, 1987.

［44］ Weeks E. C. , "The practice of deliberative democracy: Results from four large-scale trails", Public Administration Review, Vol. 60, No. 4, 2000.

［45］ Wesley S. P. , Stuart O. , "Effort as a moderator of the attitude-behavior relationship: General environmental concern and recycling", Social Psychology Quarterly, Vol. 59, No. 4, 1996.

［46］ Yockey R. D. , *SPSS demystified a step-by-step guide to successful data analysis for SPSS version* 18.0 (*2nd ed.*), N. Y. : Pearson, 2011.

［47］ 陈文俊:《台湾地区中学生的政治态度与价值》,《理论与政策》1999 年第 3 期。

［48］ 陈义彦:《台湾地区大学生政治社会化之研究》,台北嘉新水泥文化基金会,1978 年。

［49］ 陈振明、李东云:《"政治参与"概念辨析》,《东南学术》2008 年第 10 期。

［50］ 褚松燕:《公民资格的发展对治理的影响》,《南京市行政

学院学报》2005 年第 6 期。

［51］丁煌：《当代西方公共行政理论的新发展——从新公共管理到新公共服务》，《广东行政学院学报》2005 年第 6 期。

［52］方福前：《公共选择理论——政治的经济学》，中国人民大学出版社 2000 年版。

［53］风笑天：《有关问卷设计的几个问题》，《统计与决策》1987 年第 1 期。

［54］高英：《心理资本对知识型员工工作绩效影响的实证研究》，博士学位论文，辽宁大学，2011 年。

［55］［美］格林斯坦·波尔斯比：《政治学手册精选（下册)》，储复耘译，商务印书馆 1996 年版。

［56］郭秋永：《政治参与》，台北幼狮出版社 1993 年版。

［57］郭生玉：《心理与教育测验》，台北精华出版社 1997 年版。

［58］洪泉湖：《从政治学论公民教育的理论与实施》，台北师大书苑 1998 年版。

［59］胡佛：《政治学的科学探究：政治文化与政治生活》，台北三民出版社 1998 年版。

［60］胡凯：《浅谈社会科学方法中的问卷设计技术——基于问卷设计的原则和程序》，《甘肃科技》2012 年第 6 期。

［61］惠青山：《中国职工心理资本内容结构及其与态度行为变量关系实证研究》，博士学位论文，暨南大学，2009 年。

［62］江美慧：《国中生的公民知识与态度之研究——以高雄市国三学生为对象》，博士学位论文，台湾师范大学，2003 年。

［63］姜晓萍、衡霞：《社区治理中的公民参与》，《湖南社会科学》2007 年第 1 期。

［64］柯江林、孙健敏、李永瑞：《心理资本：本土量表的开发及中西比较》，《心理学报》2009 年第 9 期。

［65］孔凡宏、张继：《论公民对公共行政的参与：价值、形式与保障》，《中国行政管理》2008 年第 3 期。

［66］李俊：《如何更好地解读社会？——论问卷设计的原则与程序》，《调研世界》2009 年第 3 期。

［67］李图强：《现代公共行政中的公民参与》，经济管理出版社2004 年版。

［68］林晖月：《居民的社区意识与社区公共事物参与态度及方式关系之研究——以台南市为例》，博士学位论文，台湾"中山大学"，2001 年。

［69］林嘉诚：《政治心理形成与政治参与行为》，台湾商务印书馆 1989 年版。

［70］卢谢峰、韩立敏：《中介变量、调节变量与协变》，《心理科学》2007 年第 30 期。

［71］马超：《组织政治认知及其对人力资源管理影响的研究》，博士学位论文，暨南大学，2005 年。

［72］马振清：《中国公民政治社会化问题研究》，黑龙江人民出版社 2001 年版。

［73］［日］蒲岛郁夫：《政治参与》，解莉莉译，经济日报出版社 1989 年版。

［74］［美］塞缪尔·P. 亨廷顿：《变化社会中的政治秩序》，李盛平、杨玉生等译，华夏出版社 1988 年版。

［75］宋蕾：《破解政府治理高碳的"效率困境"——基于"认知－态度－行为"模型的调研分析》，《理论探索》2012 年第 2 期。

［76］孙柏瑛：《公民参与：社会文明程度和国家治理水平的重要标识》，《上海城市管理职业技术学院学报》2006 年第 3 期。

［77］陶东明、陈明明：《当代中国政治参与》，浙江人民出版社

1998 年版。

[78] 田喜洲、谢晋宇：《组织支持感对员工工作行为的影响：心理资本中介作用的实证研究》，《南开管理评论》2010年第 1 期。

[79] 王立：《员工工作友情、心理资本与建言行为关系研究》，博士学位论文，吉林大学，2011 年。

[80] 温忠麟、侯杰泰、张雷：《调节效应与中介效应的比较和应用》，《心理学报》2005 年第 37 期。

[81] 欲鸣：《把握政治认知的特点》，《思想政治工作研究》2001 年第 4 期。

[82] [美] 约翰·克莱顿·托马斯：《公共决策中的公民参与：公共管理者的新技能与新策略》，孙柏瑛译，中国人民大学出版社 2005 年版。

[83] 张芳全：《统计就是要这样跑》，台北心理出版社 2012年版。

[84] 张墨：《企业员工心理资本的模型及其验证》，博士学位论文，西南大学，2009 年。

[85] 郑楚宣等：《政治学基本理论》，广东人民出版社 2001年版。

[86] 仲理峰：《心理资本对员工的工作绩效、组织承诺及组织公民行为的影响》，《心理学报》2007 年第 2 期。

后　记

当论文敲下最后一个字符时，掩卷沉思，百感交集。回头望，风驰电掣。回忆是学习新知的兴奋，是破解难题的愉悦，是孤独地伏在书桌旁的反复论证，是一筹莫展的焦虑和等待学者专家评判的忐忑。论文从酝酿到完成，倾注了许多人的关心、支持、鼓励和帮助，真诚地向他们致谢！

感谢我的导师蒋葛夫教授，他始终对我的论文予以期盼和关注，为我提供各种指点和帮助，才使得我的论文得以顺利完成。导师不仅在学术上予以指点，也在对人生的思考与态度上予以点拨，他严密的逻辑思维，睿智宽容的学者风范，渊博的学识都使我深深受益。也感谢师母在学习上对我的鼓励，生活上对我的关心，遇到你们是我毕生的幸运！

感谢经管学院和公管学院的各位老师。你们严谨的治学，渊博的学识，深邃的思想和开阔的视野都为我的学习和研究提供了非常多的帮助。特别感谢我的副导师陈光教授和黄登仕教授，他们在繁忙的工作之余，对我的论文予以建设性的意见，帮助我完善和修改。感谢贾志永教授对于论文完善的悉心点拨和高屋建瓴的意见与建议。感谢我的硕士生导师高强教授，他对我始终如一的关怀和帮助，让我倍感温暖。感谢钱晓群教授对我的关心、鼓励和帮助！

感谢我的同事们。作为一名在职攻读博士的学生，没有你们的支持与帮助，这将成为难以企及的目标，谢谢你们给了我足够的空间和时间。更感谢林伯海院长、刘占祥书记、田雪梅教授、曾森副教授、方纲副教授、王君副教授等同事在论文完成期间始终如一的支持和帮助！

感谢我的同学们。谢谢刘万利博士一直以来耐心细致地在软件方法上的指导和帮助，谢谢贾宪洲师兄的不断鼓励，谢谢范文博师兄、罗勇、罗为、夏欢欢、马东山等同学的友谊，与你们的探讨让我进一步凝练了研究方向，开阔了思路。

感谢我的朋友们。谢谢杨熙纯、王桦、李萌媛、薛俊、权永林、周吉……你们在论文问卷发放过程中，给予了我最大限度的帮助，每一个数据都凝聚着你们的汗水。

感谢我的学生。感谢2008级政治学与行政学的学生，谢谢你们不仅在论文问卷发放中以高度认真负责的态度为我获得了高质量的数据，而且在数据录入中也给予了我一些帮助。教学相长，你们对知识的渴求和探索也激励我更加深入地研究。

感谢我的家人。谢谢我的父母，你们不求回报的无私付出始终是我坚强的后盾。谢谢我的丈夫唐云龙先生，你独自扛起整个家，让我能够得以安心地写作和研究。你始终如一的支持和鼓励是我得以完成论文的动力，可以说在整个论文中也蕴含着你的一分辛劳。谢谢我的儿子唐准，你的出生，让我体会到了不一样的人生！你纯真的笑容和稚嫩的声音让我了解了人性的美丽，是我前进的巨大动力！

本书得到西南交通大学马克思主义研究文库出版基金资助，在此表示感谢！

人生道路上，每一个小小的进步都凝聚了太多人的关心和呵护，满怀感恩，谢谢每一个帮助我的人！愿你们幸福！